PUVAK/BÄREN IN DEN KARPATEN

Stocker

Josef Puvak

Bären
in den Karpaten

Jagderzählungen

Leopold Stocker Verlag

Graz – Stuttgart

Umschlaggestaltung: Atelier Geyer, Judendorf-Straßengel
Umschlagfoto: Werner Nagel, D-38486 Klötze

Die Deutsche Bibliothek – CIP-Einheitsaufnahme

Puvak, Josef:
Bären in den Karpaten : Jagderzählungen / Josef Puvak. –
Graz ; Stuttgart : Stocker, 1994
   ISBN 3-7020-0680-X

ISBN 3-7020-0680-X
Printed in Austria
Gesamtherstellung: M. Theiss, St. Michaeler Straße 2, A-9400 Wolfsberg/Kärnten

Inhaltsverzeichnis

Über Jagd und Jäger

Die Jagd ist so alt wie die Menschheit, die Geschichte des Weidmanns zum Teil mit der Chronik unserer Urahnen eng verbunden.

Die Menschen hatten es bald am eigenen Leibe erfahren, daß sie dem Mammut, Höhlenbären oder Auerochsen weit unterlegen waren. So mußten sie Hilfsmittel, „Werkzeuge", erfinden, mit denen sie die Tiere erlegen konnten. Diesbezüglich sagte Friedrich Engels: „Die ersten Werkzeuge der Menschen waren Werkzeuge der Jagd und des Fischfangs."

Anfangs besaß der Mensch nur den Knüppel als Jagdwerkzeug, später den spitzen Stock, dann den Spieß, einen Stock mit eiserner Spitze, und die Grubenfalle.

Wie auf Felszeichnungen und Höhlenmalereien zu sehen ist, verstanden es die Jäger der Eiszeit, Mammutfallen zu stellen, um die riesigen Tiere zu fangen und zu töten.

Friedrich Engels schrieb in seiner „Dialektik der Natur": „Und je mehr der werdende Mensch sich von der Pflanze entfernte, desto mehr erhob er sich auch über das Tier... Die Fleischkost führte zu zwei neuen Fortschritten von entscheidender Bedeutung: zur Dienstbarmachung des Feuers und zur Zähmung von Tieren."

Die Höhlen- und Felszeichnungen berichten aber auch von der ersten Mythenbildung unserer Urahnen. Die Opfergaben, die gebracht wurden, um die höheren, unbekannten Gewalten für eine gute, erfolgreiche Jagd zu gewinnen, waren wohl die ersten Kulthandlungen der Menschen überhaupt. Die Felszeichnungen in der Sowjetunion, in Afrika, die Höhlenzeichnungen in Frankreich, Spanien und Italien, die Mensch- und

Tierzeichnungen von Haute Garoune, Los Casares, die Grottenzeichnungen von Lavanzo und Addaura bei Palermo, all diese vorgeschichtlichen Kunstwerke über magische Rituale, Dämonen und Götter zum Thema Jagd gehören wohl zu den ersten künstlerischen Schöpfungen des Menschen. Von den Hofjagden der Pharaonen, assyrischen, persischen Königen und den Herrschern im Europa des Mittelalters sind uns herrliche Kunstwerke erhalten geblieben. Basreliefs, Mosaikbilder, Gobelins und Gemälde berichten über die Jagd im Altertum und im feudalen Europa.

Die antiken Kulturen besaßen fast alle ihre Jagdgötter. Die alten Griechen nannten ihre Jagdgöttin Artemis, die Römer Diana. Artemis war die Tochter des Zeus und Herrin des Tierreichs. In der frühgriechischen Kunst wurde sie gemeinsam mit Löwen, Hirschen und Vögeln dargestellt, später als jungfräuliche Jägerin mit Bogen und Köcher, von einem Hirsch begleitet.

Wotan, der altgermanische Gott, war im Volksglauben der Anführer der Wilden Jagd, diese brauste nachts zu Pferde mit Jagdrufen und Hundegebell durch die Luft. Dem Totenheer folgten Hasen und andere Tiere.

Die Mythologie entspricht immer dem Kulturgrad, der Denk- und Handlungsweise der Menschen, die sie geschaffen haben.

So verehrten die alten Ägypter die Sonne, die Naturkräfte und vor allem Tiere. Ihre Gottheiten stellten sie sich als Tiere (Katzen, Schlangen oder Vögel) vor, später als Tiere mit Menschenköpfen oder Menschen mit Vogelköpfen. Denken wir nur an die Sphinx von Giseh.

Die Katze galt bei den Altbabyloniern und in Altägypten als heilig. Bei anderen Völkern als Zukunftsdeuterin und Wetterprophetin.

Nimrod, der einstige Herrscher über das sagenhafte Babylon und „großer Jäger vor dem Herrn", gilt auch in unseren Tagen als Synonym für einen begeisterten, geschickten Jäger.

Natürlich gab es schon im Altertum viel Jägerlatein. So in der griechischen Sage vom kalydonischen Eber, nach der antiken Stadt Kalydon in Ätolien benannt. Da heißt es über den Wildeber, daß er ein Riesentier, schrecklich und von furchtbarer Wildheit sei, größer als die Stiere auf Epirus' saftigen Weiden. Die Augen wie Feuer und Blut. Die Mähne hoch aufgerichtet, und die Hauer so groß wie die Stoßzähne eines Elefanten.

Das Christentum hat für die Jäger sogar einen Heiligen. Hubertus, späterer Bischof von Lüttich (gest. 728), wurde zum Schutzpatron der Jagd ernannt. Die Legende erzählt, Hubertus hätte an einem Feiertag (am Karfreitag) gejagt. Da sei ihm ein Hirsch mit einem goldenen Kreuz im Geweih erschienen. Dieses Wunder habe zu seiner Bekehrung geführt.

Der Bär war in Europa seit alters Sinnbild und Wahrzeichen vieler Kämpfer und Helden. So finden wir auch seinen Namen, ursus arctus, bei König Artus (Arthur), dem sagenhaften König der Kelten.

In Sibirien wie auch in Alaska war der Bär dem Nachtgestirn gleichgestellt, weil er im Herbst (während des Winterschlafes) verschwand und im Frühjahr wiederkehrte. In Japan wird er als Ahne der Ainu auf der nördlichen Halbinsel Japans, Hokkaido, verehrt. Der Bär wird im Monat Dezember, am Tage des Bärenfestes, von allen Bewohnern gefeiert.

Die sibirischen Jäger sprachen früher das Wort Bär nur umschreibend aus, „der schwarze Alte", „der Herrscher der Wälder" oder einfach „der Alte". Ähnlich ist es auch beim rumänischen Volk. Auch heute noch sagen die Bauern zum Bären „Moş Martin" oder „Moş Ursilă". In den vielen Sagen und Legenden der Rumänen über den Bären wird er nur so genannt: „Martin der Alte" oder „der alte Brummer". Ebenso gibt es rumänische Sprichwörter über den Menschen und den

Bären, wie etwa: „Verkaufe nicht den Pelz des Bären im Wald". „Bär" sagt man zu einem schwerfälligen, ungeselligen Menschen, „Deshalb hat der Bär keinen Schwanz" zu Menschen, die sich nicht zu benehmen wissen.

Die Jäger aus der Taiga nehmen die Bärenzähne oder -krallen als Talisman. In Siebenbürgen und in der Moldau wurden noch zu Beginn des Jahrhunderts die Bärenpranken als Heilmittel angewandt. Der Bär wurde auch hier als Sinnbild unbesiegbarer Kraft, aber auch als unkontrollierbare und unvorhergesehene Gefahr betrachtet. Bei den Bergbewohnern kennt man jedoch „Moş Martin" auch als Sinnbild der Gemütlichkeit, als Leckermaul, der den Honig und das Obst aus den Gärten stiehlt.

Vor zweieinhalb Jahrhunderten gab es in den Ostkarpaten außer Bären auch Wölfe, Luchse, Marder, Füchse, Wildkatzen und andere Raubtiere sowie Großwild, das heute schon ausgestorben ist, so zum Beispiel den Auerochsen, das Wildpferd und den Wisent, der heute nur im Gehege anzutreffen ist.

Nach der Revolution von 1848, als die Jagd auch für das Volk freigegeben wurde, jagten die Bauern in den Wäldern besonders den Wolf und den Bären, ihre natürlichen Feinde. Die Bauern erlitten durch dieses Raubwild großen Schaden. Und das nicht nur durch die geschlagenen und weggeschleppten Tiere. Bei dem nächtlichen Einfall des Bären in die Herde stoben die Schafe nach allen Windrichtungen auseinander. Dabei geschah es, daß sie in einen Abgrund stürzten. In den Schluchten blieben sie den Füchsen, Wölfen und Geiern zum Fraße liegen. Darum durfte man den Bauern und Hirten nicht verübeln, wenn sie mit allen erlaubten und unerlaubten Mitteln Meister Petz und Isegrim zu Leibe rückten.

Die Hirten kannten jeden Weg und Steg in den Bergen. So auch die Schlupfwinkel der Bären und Wölfe. Hatten sie die Höhle, wo sich der Bär eingeschlagen hatte, ausgekundschaftet, so wurde das Lager umstellt. Gewöhnlich tat man das im

Frühjahr, wenn Meister Petz aus dem Winterschlaf noch nicht erwacht war. Kam der Bär trotz Rufens und Lärmens nicht heraus, wurde am Höhleneingang ein großes Feuer angefacht und Meister Braun einfach ausgeräuchert. Kroch er dann noch lebend aus seinem Winterlager, wurde er von den Jägern niedergeknallt. Freilich war das keine Jagd im heutigen Sinne.

Es gab aber auch Jäger, die den Bären mit bloßem Stahl angingen. Sie nahmen die Gefahr auf sich, den gefürchteten Räuber, das größte Raubwild Europas, mit dem Messer zu jagen.

Bei dieser sonderbaren Jagd zog der Nimrod eine dicke Ledermanschette über den linken Unterarm, die bis zum Ellenbogen reichte. In der rechten Hand hielt er das Jagdmesser, das oft ein gewöhnliches Schlachtmesser war. So stellte sich der kühne Jäger dem Bären.

Der Bärentöter

Die Begebenheit trug sich Ende des vorigen Jahrhunderts in den Ostkarpaten zu. Nea Ilie erzählte mir die Geschichte vor dreißig Jahren, als er schon ein Greis mit schneeweißem Haar war, sich aber des Geschehnisses, das ich hier wiedergeben will, noch ganz genau erinnerte. Als junger Bursche kannte er einen Jäger namens Ion Banciu, den die Leute auch „Bärentöter" nannten. Wir wollen ihm jedoch im Laufe der Erzählung den Namen Badea Ion geben, so wie ihn Nea Ilie genannt hatte.

Badea Ion, der „Bärentöter", lebte im Walde, am Fuße des Caraiman-Gebirges, wo er herrschaftlichen Jägern als Jagdführer diente. Er war den Herren behilflich, die Jagdtrophäen zu erbeuten. Er selbst begnügte sich mit dem Trinkgeld, das er bekam.

An einem schönen Sommermorgen fragte Badea Ion den jungen Ilie, ob er ihn nicht auf eine Bärenjagd begleiten wolle. Der junge Mann sagte freudig zu. Hatte er doch von den Hirten so manche haarsträubende Geschichte über den „Bärentöter" erzählen hören. Der mittelgroße, breitschultrige Jäger sagte zu Ilie, er wolle einen Bären zur Strecke bringen. Die Decke des Hauptbären hätte er schon vor längerer Zeit einem reichen Kaufmann versprochen.

„Jeder Jäger weiß", sagte Nea Ilie, „daß die Vorbereitung zur Jagd von der Wildart und der Jagdmethode bestimmt wird." So wußte es auch Badea Ion. Nur dauerte bei ihm die Vorbereitung keine fünf Minuten. Er nahm einen breiten Ledergürtel, den er fest um die Taille schnallte. An den Füßen hatte er Opanken mit gebogener Spitze, dann eng anliegende

Hosen, wie sie die Siebenbürger tragen. über den linken Unterarm zog er eine dicke Ledermanschette, die bis zum Ellbogen reichte. Dann steckte er ein langes Messer, wie es die Bauern im Dorf zum Schweineschlachten benutzen, in den Gürtel. Also eine ganz ungewöhnliche Jagdausrüstung, lächelte Nea Ilie. Ja, noch etwas, das hätte er bald vergessen, sagte der Greis. In die Tasche steckte er ein paar Steine. Auf seine Frage, was er mit den Steinen tun wolle, antwortete ihm Badea Ion: „An Ort und Stelle wirst du es schon erfahren. Nur darfst du dort keine Frage stellen, sonst geht es dir an den Kragen." Damit war für den Jäger die Vorbereitung zur Jagd auf den Hauptbären beendet.

„Als Jäger wissen wir auch, wieviel Umsicht und Beharrlichkeit notwendig sind, um den Erfolg einer Jagd zu sichern. Um so mehr staune ich heute – damals wußte ich es noch nicht", sagte Nea Ilie nachdenklich, „wie selbstsicher Badea Ion jagen ging." Nein, es war bestimmt keine Augenblickslaune, auch nicht die Verzweiflungstat eines Menschen, der am Hungertuch nagte, der ohne das Geld, das ihm die Trophäe einbringen würde, nicht auskommen konnte.

Die Jagd, auf die sich Badea Ion vorbereitet hatte, war für ihn wie für alle Jäger Freude an der Tat, vielleicht auch Entspannung und noch etwas. Daran dachte ich erst viel später. Diese Jagd bedeutete für ihn noch viel mehr. Sie war eine Bewährung sich selbst gegenüber. Eine Probe dafür, daß er auch bei diesem Hauptbären seinen Mann stehen konnte. Nein, es war auch kein Spiel mit dem Tod. Wie ich später sah, war jede Bewegung genau durchdacht und vorbereitet.

Badea Ion war gar nicht gesprächig. Er sprach überhaupt nicht gern. So legten wir den Weg zu den Almwiesen schweigend zurück. Als wir von dem Laubwald in den Fichtenbestand hinüberwechselten, verließen wir den Weg. Nun ging es einen Wildwechsel entlang, den nur der Jäger kannte. Der Wildpfad führte uns zu einer Waldblöße, mit dichtem Brombeer- und Himbeergestrüpp bewachsen. Wenn ich bisher Badea Ion kaum folgen konnte, so war es jetzt für mich fast unmöglich, ihm auf den Fersen zu bleiben, so wie er mich gebeten hatte. Auch ich war in den Bergen aufgewachsen, aber so ein Tempo, und dabei noch den Berg steil hinauf, war ich nicht gewöhnt. Ich konnte mit ihm ganz einfach nicht Schritt halten, und Badea Ion mußte häufig stehenbleiben, um auf mich zu warten. Dann hielt er den speichelnassen Zeigefinger hoch, um die Richtung des Windes zu prüfen.

Im Revier des Hauptbären angelangt, schlich der Jäger vorsichtig und geduckt wie eine Raubkatze weiter. Wir gingen nun durch mannshohes Himbeergesträuch. Badea Ion blieb öfters stehen, beachtete jeden niedergetretenen Grashalm oder Farnwedel, jedes geknickte Ästchen. Plötzlich hielt er an, duckte sich und winkte mich heran. Ich folgte mit dem Blick seiner ausgestreckten Hand und sah etwa dreißig Schritte vor uns eine schwarzbraune, unförmige Gestalt, die sich zwischen den Himbeerstauden bewegte. Der Anblick des riesigen Tieres ließ mein Herz heftiger schlagen. Vor Aufregung sah ich im ersten Augenblick nur Meister Petzes Konturen. Als ich jedoch genauer hinblickte, sah ich, daß der Bär auf den Keulen saß und mit den Vorderpranken einen Zweig mit Himbeeren in den Fang steckte und die roten Früchte fraß. Er tat das so geschickt, wie es ein Mensch nicht hätte machen können. Dabei war er mit dem Himbeerpflücken so sehr beschäftigt, daß er uns nicht wahrnahm.

Badea Ion machte mir ein Zeichen stehenzubleiben, während er sich vorsichtig anpirschte. Der Wind stand günstig, er wehte vom Bären zu uns. Der „Schwarze", wie ihn der „Bärentöter" nannte, ließ sich die Waldfrüchte weiter schmecken.

Etwa zehn Schritt vom Bären entfernt ging Badea Ion in die Hocke. Er nahm einen Stein aus der Tasche und warf ihn dem „Schwarzen" an den Kopf. Der Bär wehrte mit der Pranke die lästige „Fliege" ab, ließ sich aber nicht weiter stören. Noch ein Stein und dann noch einer flogen Meister Braun um die Gehöre. Das war dem Bären doch zuviel! Vielleicht nahm er auch, nun aufmerksam gemacht, die Bewegungen Badea Ions wahr. Bekanntlich vernehmen die Bären ausgezeichnet. Kurz und gut, er äugte auf einmal zum Jäger, verhoffte einen Augenblick, dann warf er sich mit furchterregendem Gebrüll auf Badea Ion. Der in sein Revier eingedrungene Missetäter, der ihn zu stören wagte, mußte bestraft und vertrieben werden.

Badea Ion hatte sich aufgerichtet und erwartete den Angriff des Raubwildes. Er machte nur eine einzige Bewegung, streckte die Hand mit der Lederstulpe dem Bären entgegen. Das spitze Messer hielt er fest in der rechten Hand. So stand der „Bärentöter" wie zu Stein erstarrt.

Vorher dachte ich daran, mich irgendwo zu verkriechen, falls der „Schwarze" Badea Ion überrennen oder töten sollte. Doch was nun folgte, ging so rasch vor sich, daß es unmöglich war, weiter an Furcht zu denken. Ich hatte keine Zeit, Badea Ions Mut, seine Willenskraft und seine Beherrschung zu bewundern, denn ich konnte den Blick vom Schauspiel, das sich mir bot, nicht abwenden. Vor mir stand Badea Ion, hart und unerschütterlich. Der mächtige Bär war mit drei Sprüngen beim Jäger, erhob sich auf die Hinterläufe und stürzte sich mit aufgerissenem Fang auf Badea Ion. Der „Bärentöter" steckte blitzschnell dem Raubwild den linken Arm mit der Ledermanschette in den aufgerissenen Fang. Der „Schwarze" beugte sich nach vorn, um den Jäger, der um einen Kopf kleiner war, mit den Pranken zu fassen und an die Brust zu drücken, bis die Knochen brachen. Da traf den Bären das spitze Schlachtmesser mit wuchtigem Stoß ins Herz. Die Vorwärtsbewegung des Bären und der heftige Stich des Jägers ließen den Stahl tief in den Leib des Riesen dringen. Zorn- und Schmerzgebrüll zerrissen die Stille der Bergwelt. Badea Ion sprang zurück, damit ihn der massige Körper des Hauptbären nicht unter sich begrub.

Ich habe diese Jagd absichtlich in allen Einzelheiten erzählt, da unter den Jägern viel darüber diskutiert wird, ob es überhaupt Jäger gab, die, nur mit einem Messer bewaffnet, die Bären angingen. Wie wir aus der Erzählung von Nea Ilie erfuhren, gab es solch kühne Männer, die die Gefahr und das Risiko nicht scheuten, sich mit Meister Petz zu messen.

Der Erzfeind

Nebelschleier zauberten flüchtige, blaugrüne Bergseen und schäumende Meereswellen über die tiefen Täler der Borseker Landschaft. Die Herbstsonne drückte den Nebel herunter, bis sich ihr ungezählte Fichten- und Tannenwipfel entgegenstreckten. Im Dunkelgrün der Nadelhölzer flammten nun die Ebereschen, leuchteten hellgelb die Birkenhaine wie Inseln im weiten Meer.

Der Förster Kovács, klein, sehnig, mit starken Backenknochen und einem Husarenschnurrbart, ging zwei Schritte vor Dumitru, einem grauhaarigen, mittelgroßen Fünfziger. Die beiden kamen von der Sennhütte herunter durch dichten, von Latschenkiefern und Bergerlen durchsetzten Fichtenbestand zu ihren Ständen am Haupt- und Nebenwechsel des Schlagbären.

„Wie viele Schafe hat er schon gerissen?" fragte der Jäger Dumitru den Förster.

„Wenn wir Petre Glauben schenken sollen, hat er über fünfzig Schafe gerissen und zwei Hunde während seiner nächtlichen Raubzüge umgebracht." Nach einer Weile fuhr er fort: „Die Herde ist immerhin seit vier Monaten auf den Almwiesen, für Meister Braun Zeit genug, seinen Teil zu kassieren."

„Ich glaube nicht, daß der Hirtenälteste übertreibt", sagte Dumitru überzeugt. „Es gibt Fälle, wo so ein Räuber während eines Sommers auch hundert Schafe gerissen hat."

„Kann schon stimmen", brummte der Förster. „Der Vorsitzende der landwirtschaftlichen Produktionsgenossenschaft hat schon vor zwei Monaten eine schöne Prämie für denjenigen ausgesetzt, der den Bären zur Strecke bringt. Nur war Meister Braun bisher schlauer als unsere Jäger."

Seit drei Stunden saß Dumitru unter einer sturmerprobten Fichte an. Nur ein paar Schritte weiter führte der Hauptwechsel des Bären durch den Fichtenbestand. Etwa achtzig Schritt oberhalb riegelte der Förster am Rande der Almwiese den Nebenwechsel ab.

Tiefe Bergweltstille umgab die beiden, bis auf einmal der Sprengruf eines Hirsches über die im Mondschein liegenden Wälder rollte. Von der Almhütte antwortete ihm einsilbig Hundegebell.

Dumpfgrollend kamen nun die Brunftschreie eines Platzhirsches vom Südhang herauf. „A-u-ah, a-u-ah", leidenschaftlich, herausfordernd klang das Orgeln. Ein grober Schrei, dachte Dumitru, muß ein älterer Haremsbesitzer sein. Es ärgerte ihn, daß er immer aufmerksamer dem Röhren der Hirsche lauschte, das von allen Seiten auf ihn eindrang, anstatt auf das Herannahen des Karnivoren, also eines Bären, der sich an frisches Fleisch gewöhnt hat und nun das Vieh raubt, zu achten.

Wie zum Hohn schattete ein Waldkauz über die kleine Lichtung und hakte etwas tiefer in einer Fichte auf. Bald erklang sein schauerliches: „Hu-hu-huuh."

Ein schönes Konzert, dachte Dumitru grimmig. Im nächsten Augenblick mußte er sich jedoch eingestehen, daß es auch für einen Hochwildjäger ein nicht alltägliches Erlebnis war, auf einen Bären anzusitzen und gleichzeitig vier Geweihte röhren zu hören. Ein wahres Orgelkonzert, wie man es nur selten erleben kann.

Wo aber blieb der Bär? In fiebernder Spannung blickte er über die kleine Lichtung, die der Hauptwechsel durchquerte. Der Vollmond streute sein bläuliches Licht über die Latschenkiefern, deren engverschlungene Verästelungen dem Jäger im wechselvollen Licht- und Schattenspiel wunderliche Bilder vorgaukelten, die dieser jedoch rasch verscheuchte, um die Geräusche der Nacht zu enträtseln.

Noch eine Stunde wollte er ansitzen. Wenn dann der Bär nicht kam, so hatte er mit dem Förster ausgemacht, werden sie bei den Hirten übernachten und am frühen Morgen einen Pirschgang durch das Bärenrevier machen. Der Gegenwind wird ihnen dabei behilflich sein.

Der Vollmond wird bald hinter dem Bergrücken verschwinden, dachte er, dann kann man keinen sicheren Schuß mehr anbringen. Schade, so ein Wetter mit gutem Schußlicht trifft man selten in den Bergen. Wird auch die Ursache sein, daß der Bär nicht kommt. Wie die Hirten jedoch erzählten, kam der Schlagbär nicht nur in finsteren, stürmischen Nächten, wenn dichte Nebelschwaden über den Berghängen lagen, sondern auch abends, bei schönem Wetter, kaum daß die Sonne hinter den Bergkuppen verschwunden war.

Als die Hirten gestern von seinem Vorhaben, den Schlagbären zur Strecke zu bringen, hörten, versprachen sie, noch einige Tage auf der Alm zu bleiben.

Vielleicht, überlegte der Jäger, wäre es besser gewesen, den Bären beim Einfall in die Herde zu stellen?! Das Terrain mit den vielen Felsblöcken war jedoch ungünstig. Auch wollte der Förster der Landwirtschaft nicht neuen Schaden zufügen. Es ging ja nicht nur um die zwei Schafe, die der Bär riß und wegschleppte; der Einfall trieb die Herde immer in alle Windrichtungen auseinander, so daß es vorkam, daß viele Schafe die Felsschlucht hinunterstürzten, andere sich die Beine brachen und der Schaden dadurch viel größer wurde.

Während der Mond sich dem Bergrücken näherte, schien er zu schrumpfen, das Licht wurde blasser, die Schatten schwärzer.

Gebell der Hirtenhunde von der Sennhütte unterbrach die Stille. Sollten sie den Bären gewittert haben? Leises Knacken von Fallholz drang an das Ohr des Jägers und ließ sein Blut rascher kreisen. Das Geräusch kam näher. Noch konnte er nicht unterscheiden, ob es ein leichtes oder schweres Wild sei.

Der Bär… oder eine Wildsau, vielleicht ein Hirsch. Trittsiegel hatte er mit dem Förster in der Nähe ausgemacht. Ein leichter Schauer des Aufwindes glitt über das Krummholz. Der Jäger fröstelte. Das Wild hatte es nicht eilig. Minute um Minute kroch im Schneckentempo durch die kalte Mondnacht.

Der Jäger sah von neuem zur Mondscheibe auf, noch zehn Minuten, und sie war hinter den Bergkuppen verschwunden.

Je näher das Wild auf die Lichtung zukam, desto länger wurden die Pausen, wenn es witternd verhoffte.

„Uuf, uuf" – war das nicht ein schnaufendes Windnehmen? Der Bär! So nahm nur der Bär Wind! Die fiebernde Erwartung, die nervenzerreißende Spannung wuchs.

Warum kam er nicht näher? Hatte er ihn gewittert, oder war es die angeborene Vorsicht des Raubwildes? Wartet er, bis der Mond hinter dem Berg verschwindet, um dann auf die Lichtung herauszutreten? Die Gedanken bohrten und krallten sich in Dumitrus Gehirn fest. Der Kopf summte ihm wie die Drähte auf den Telegrafenstangen. Seine Augen brannten, während er den Wechsel entlangstarrte.

Da, ein kaum merkliches Zittern der Latschenwipfel auf etwa zwanzig Schritt. Körperloses Tappen und Tasten kam näher. Wie bewegte sich nur der massige Körper fast lautlos durch das Schlangengewirr der Zwergfichten?

Als sich der mächtige Kopf durch das niedrige Geäst schob, zuckte der Jäger zusammen. Er hatte ihn fünf, sechs Meter weiter erwartet. Windnehmend trat der Bär völlig heraus, die ganze Breitseite war dem Jäger zugewendet. Schwarz glänzte die Decke, von den letzten Strahlen des verschwindenden Mondes beleuchtet.

Langsam, ganz langsam hob der Jäger den Repetierstutzen… Vernahm der Bär die Bewegung, fühlte er die Gefahr?

Er drehte den Kopf dem Jäger zu. Ein peitschender Knall zerriß die Stille, grauenvoll kam das wilde Schmerzgebrüll. Noch ehe er repetieren konnte, war der Bär in mächtigen Fluchten verschwunden. Erst jetzt merkte Dumitru, daß der Mond hinter den Bergkuppen verschwunden war. Nur wenige Sekunden vorher war der Bär auf die Lichtung herausgetreten.

Wie der Sturmwind fegte der Schlagbär durch die Latschen, ein unbestimmtes Schauern klang nach. Mit zitternden Fingern steckte sich der Jäger eine Zigarette an. Die Spannung war gewichen, zurück blieb banger Zweifel. Er hatte sich beeilt und etwas zu tief geschossen. Dem Bären im dichten Latschenbestand zu folgen, wäre reiner Selbstmord.

„Hop, hop, hop", rief der Förster Kovács und kam am Rande der Lichtung näher. Von der Hütte hörte man das Gekläff der Hunde.

Die Hirten konnten nicht schlafen und saßen auf ihren Balkenpritschen mit Fichtenreisigbelag. Alle Raubzüge und Missetaten des Karnivoren wurden aufgezählt, in der Hoffnung, daß er inzwischen seine schwarze Räuberseele ausgehaucht hatte.

Kaum blinkte das Morgenrot auf den Gipfeln der Berge, als man schon aufbrach, die Beute zu suchen. Der Hirtenälteste und die Hirten wollten mitgehen. Der Förster jedoch lehnte ab. Er werde ihnen Zeichen geben. Wenn er dreimal durch den Flintenlauf blase, könnten sie kommen, um den Bären zur Hütte zu bringen, sagte er. Dann erklärte er ihnen, wie sie eine Tragbahre anfertigen sollten, um den Bären leichter heraufzubringen.

Mit dem Schweißhund des Försters an der Leine ging es der Fährte nach. Am Anschuß Schnitthaar und trockener Schweiß. Das Stahlmantelgeschoß hatte dem Bären den Brustkorb durchschlagen und war etwas tiefer wieder ausgetreten.

„Lungenschuß", stellte der Förster fest. „Heller Schweiß

mit Luftblasen." Der Hund zog wie verrückt an der Leine, aber an ein Schnallen war nicht zu denken.

„So ein Pech!" murmelte Dumitru. Mit schußbereiten Gewehren gingen sie der Fährte nach. Aber wer sich noch nie durch einen dichten Krummholzbestand hindurchgewunden hat, ahnt nicht, wieviel Geschicklichkeit, Ausdauer und Mühe es kostet. Hinzu kam noch die Gefahr, jeden Augenblick von dem weidwunden Bären angegriffen zu werden. Der Förster vollbrachte wahre Kunststücke. Die Leine des Rüden in der linken, die Flinte in der rechten Hand arbeitete er sich durch die Latschenkiefern. Nach kurzer Zeit sah man fast keinen Schweiß mehr auf den Nadeln. Nach etwa hundert Schritt ging es etwas leichter auf dem Hauptwechsel weiter, und sie kamen rascher vorwärts. Der Hund zog den Förster wie besessen hinter sich her. Auf einmal gab er Laut. Vor ihnen, im dichten Verhau, lag wohl der Bär im Wundbett. Der Förster machte Dumitru ein Zeichen stehenzubleiben, dann schnallte er den Hund. Der Schweißhund stürzte lautgebend vor. Nun sahen sie den Bären. Er machte nur schwache Abwehrbewegungen gegen den angreifenden Rüden. Förster Kovács beugte sich vor, zielte und gab ihm den Fangschuß. Der Bär sackte in sich zusammen. Beide hatten den Eindruck, daß er nun seine Räuberseele aushauchte.

Der Förster lud von neuem und ging näher, hinter ihm kam Dumitru. Als Kovacs nur noch vier, fünf Schritte bis zum Bären hatte, erhob sich dieser blitzartig. Der Förster riß die Flinte an die Backe, der Schlagbolzen knackte, aber das Gewehr blieb stumm. Noch ehe er ein zweites Brenneke-Geschoß anbringen konnte, stürzte sich der Bär auf ihn. Ineinander verkrallt, rollten beide dem Jäger vor die Füße. Kovács wehrte sich verzweifelt; vor allem versuchte er, sein Gesicht vor den Pranken des Bären zu schützen.

Mit dem Repetierstutzen im Anschlag verfolgte der Jäger den Kampf der beiden, um aus nächster Nähe einen gutgezielten Fangschuß anzubringen. Es war sehr gewagt, denn die kleinste falsche Bewegung konnte dem Förster zum Verhängnis werden, die Kugel nicht den Bären, sondern ihn töten. Auch hat ein aus der Nähe abgefeuertes Stahlmantelgeschoß eine große Durchschlagskraft; es konnte den Körper des Bären durchschlagen und den Förster töten.

Die Gedanken jagten dem Jäger durch den Kopf, während er den richtigen Augenblick abwartete und eine Stelle suchte, die den sofortigen Tod des Bären herbeiführen sollte.

Der Bär hob den Kopf, da krachte schon, dumpf wie ein Paukenschlag, der Schuß und warf ihn zur Seite. Ein Zittern ging durch den mächtigen Körper. Die scharfen, langen Krallen scharrten noch einmal die Erde, dann lag er still.

„Verendet", hauchte der Förster. „Ein Kopfschuß."

„Da", der Jäger reichte ihm eine Flasche mit Palinka, dem doppeltgebrannten Pflaumenschnaps. Kovács wollte sich aufrichten, um zu trinken, knickte jedoch ein.

„Gebrochen?" Dumitru sah ihn fragend an.

„Ich glaube nicht." Er tastete mit der linken Hand seinen Fuß ab. „Die Bestie hat sich mit ihren sechs Zentnern auf mich gestürzt und mir dabei den Fuß gequetscht. Au – die rechte Hand kann ich auch nicht bewegen."

„Einen Augenblick!" Dumitru betastete den Oberarm.

„Hm, den hat er dir ganz schön zugerichtet. So ein Pech! Habe weder Jodtinktur noch Alkohol mit. Na, werde es mit Palinka versuchen!"

„Au, Teufel nochmal, das brennt wie Feuer!" Der Förster knirschte mit den Zähnen, während ihn Dumitru mit dem abgerissenen Hemdsärmel verband.

„Schicksal", seufzte Kovács. „Hab es schon die ganze Zeit gefühlt. Als ich am Morgen den Hirten sagte, sie sollten eine Tragbahre für den Bären machen, sah ich mich selbst darauf liegen. Bitte reich mir noch einmal die Flasche."

„Schicksal, meinst du?" Dumitru lächelte. „Daß der Bär so

spät herauskam, daß ich mich beeilte und schlecht schoß, hat wahrlich mit deinem Schicksal nichts zu tun. Daß deine Patrone feucht war und nicht losging, daß du nur einen Fangschuß, statt gleich zwei oder drei abgabst, um ganz sicherzugehen, hat wohl auch nichts mit deinem Schicksal zu tun!"

„Wie soll ich es dann nennen?" fragte Kovács, während er das Gesicht vor Schmerz zur Grimasse verzog.

„Unvorsichtigkeit, wenn nicht Dummheit."

Als der Jäger das schmerzverzerrte Gesicht sah, lenkte er ein.

„Wenn du willst, Pech, zweimal Saupech! Wer hätte gedacht, daß der Schlagbär mit zwei tödlichen Kugeln im Leib noch angreift."

„Ja, ein starker Bär." Die Augen des Försters glitten bewundernd über den Bären hin. „Dabei machte er kaum eine Abwehrbewegung, als ihn der Rüde angriff."

„Das ist es eben! Es passiert oft, und wir lernen nicht daraus."

„Wie meinst du das?"

„Der Bär geriet bei deinem Anblick – er wußte ganz genau, daß nicht der Hund ihn verletzt hatte – so in Wut, daß er trotz der schweren Wunden noch genügend Kraft aufbrachte, um mit seinem Erzfeind abzurechnen."

„Bitte blase, damit die Hirten kommen." Es wies mit der linken Hand in die Richtung der Flinte, die durch den Anprall in die Latschen geflogen war.

Ein dreifaches, langanhaltendes „Buuh, buuh, buuh" klang über die herbstlichen Wälder und kündigte den Tod des Karnivoren an.

Der Blutbär

Die Hirten bringen die Milch in hohen Holzschaffeln in die Sennhütte, leeren sie in einen großen Kupferkessel, der über dem offenen Feuer hängt. Der Hirtenälteste gibt ihnen Weisungen für die Nacht. Seine Stimme klingt weich wie der tauende Föhn im Frühjahr. Es dauert noch eine Weile, bis die Glocken der Leithammel und das zänkische Gebell der Herdenhunde verstummen. Nach und nach wird es in der Sennhütte still. Nur von draußen dringt noch das eintönige Brausen des Gebirgsbachs herein.

Der Älteste kann sich wieder seinen Gästen widmen und in seiner Erzählung über den Blutbären, die er vorher unterbrochen hat, fortfahren. Er setzt sich breit auf einen Holzklotz, kratzt sich hinter dem Ohr und erzählt:

„Wie gesagt, da, am südlichen Ausläufer des Girdoman, macht uns der Karnivore mit der weißen Halskrause das Leben sauer. Der weiße Kragen ist bei ausgewachsenen Bären, wie ihr wißt, nur selten, aber ebenso selten findet man einen so großen, kühnen und blutgierigen Räuber. Keine Woche vergeht, ohne daß er in unsere Herden einbricht und unser schönstes Vieh wegschleppt. Wir waren schon zweimal zum Forstamt hinuntergegangen und hatten schriftlich unsere Klagen eingereicht. Doch die Leute dort lassen sich Zeit. Drei Monate lang wurde nichts unternommen.

Der Räuber hatte sich so sehr an das Hammel- und Eselfleisch gewöhnt, daß er sich eine Zeitlang in den Wäldern in der Nähe des Dorfes häuslich niederließ. Er drang nachts in die Ställe ein, und was denkt ihr...", über das gebräunte Gesicht, auf dem der weiße Stoppelbart silbrig glänzt, huscht ein bitteres Lächeln, „mit einemmal ließ er die Schafe, Esel und Kühe in Ruhe und verlegte sich auf den Schweineraub. Es kam vor, daß er nachts in einen Stall einbrach, an den in Todesangst brüllenden Schafen und Kühen vorbeitappte und in der äußersten Ecke aus einem Schweinekoben ein quiekendes Yorkshire- oder Mangalitzaschwein sich holte, wieder an den Tieren vorbeiging und in der finsteren Nacht verschwand."

„Da, zur Stärkung der Lebensgeister", ich reiche dem Hirtenältesten eine Flasche mit doppeltgebranntem Zwetschgenschnaps. Nachdem er einen tüchtigen Zug genommen hat, wischt er sich mit dem Handrücken über den Mund und fährt fort:

„Das ging so mit dem Weißkragigen, bis vor einigen Tagen unsere Klagen in die Amtsstuben der Kreisstadt drangen, da bewilligte man die morgige Treibjagd. Die Bergbauern der zwei Dörfer werden durch Trommelschlag verständigt, an der Jagd teilzunehmen. Unsere Bauern lassen sich das nicht zweimal sagen, denn viele von ihnen haben durch den Bären großen Schaden erlitten. Jäger sind mit euch im ganzen nur zehn, dafür Treiber übergenug. Viele Hirten und Bauern sind darauf versessen, mit ihrem Erzfeind abzurechnen."

Der Hirtenälteste macht eine Pause und sieht uns aus seinen kleinen, schwarzen Augen an, ob wir auch dem Faden seiner Erzählung folgen. Ein Hirte legt Holz aufs Feuer, es prasselt und riecht nach Tannenharz. Der rote, flackernde Schein wirft im wechselnden Lichtspiel violette Schatten auf die rußgeschwärzten Balkenwände der Almhütte. Zwei junge Hirten haben sich zu Füßen ihres Ältesten gesetzt und lauschen aufmerksam.

„Wir Bergbauern haben es im Leben nicht leicht", fährt dieser im Erzählen fort; „kommt da noch ein Spitzbube und raubt uns das letzte Schaf oder Schwein aus dem Koben, ist es mit der Geduld zu Ende. Das muß gesühnt werden! Jung und alt will morgen dabei sein, wenn der freche Räuber für seine Missetaten mit dem Leben bezahlt. Wir nehmen jedoch nur junge Leute über siebzehn Jahre mit, denn mit dem Räuber ist nicht zu spaßen! Und nun alle auf die Kante gelegt, wir müssen vor dem Morgengrauen auf den Beinen sein."

Mit Knüppeln und Äxten bewaffnet sind die Bergbauern, und in froher Stimmung. Viele haben die Zuikaflasche im Rucksack mitgebracht und lassen sie die Runde machen, noch ehe die Jagd begonnen hat.

Zuerst gehen die Jäger los. Sie müssen in einem großen Bogen das felszerklüftete Tal mit einem Windbruch, in dem sich der Bär während des Tages aufhält, umgehen und am Bergrücken alle Wildwechsel besetzen. Die Treiber haben unterdessen Zeit genug, alle Raubtaten des „weißkrausigen Teufels", wie sie ihn nennen, von neuem aufzuzählen und die Zuikaflaschen auf sein nahes Ende zu leeren.

Der Trieb kommt von tief unten aus der Valea Rea, überquert einen mit alten Buchen und Fichten bestandenen zerklüfteten Steilhang, weiter geht es über die vom Sturm gefällten Riesen, zwischen denen wolfsgraue Felsspitzen hervorragen. Hier ist das Reich und die Trutzburg des Bären. Ein Verfolgter hätte sich keinen besseren Schlupfwinkel wählen können. In der Mitte des Hanges hat ein Wirbelsturm alles zu Boden gestürzt. Baum liegt über Baum, ein undurchdringlicher Wirrwarr von entwurzelten und geborstenen Baumstämmen; dazwischen Brombeer- und Himbeergestrüpp und Felstrümmer, die jede Lücke ausfüllen.

Unter den Treibern ist ein junger, kräftiger Hirte namens Ion Doagă. Der spitze Hut sitzt ihm immer keck auf dem Krauskopf, und in den Winkeln seiner hellblauen Augen blitzt der Schalk. Der Bär hatte ihn während des letzten Sommers fast ins Gefängnis gebracht, weil Ion eines Abends, anstatt die Schafe zu hüten, bei Florica in der Sennhütte weilte. Als er sich seiner Schützlinge erinnerte, waren über zwanzig Schafe verschwunden.

„Das kann doch nicht der Karnivore gewesen sein", meinten die Leute. „Der nimmt ein, zwei, aber nicht zwanzig Schafe. Der Bär ist kein Wolf, er nimmt nur so viel, wie er als Fraß braucht. Der Wolf – ja, der zerreißt in einer Nacht auch zehn und noch mehr Schafe." Die Leute verlangten vom jungen Doagă ihre Schafe zurück. Doch nach einigen Tagen war das Rätsel gelöst. Ein Hirte fand die Schafe mit zerschmetterten Gliedern am Fuße einer Steilwand auf. Wenn die Kolkraben, die Sanitäter unserer Berge, nicht gewesen wären, die über der Schlucht mit den toten Schafen kreisten, hätte niemand daran gedacht, die Felswand hinunterzusteigen.

Der Bär hatte am Abend, da es regnete und Nebelschwaden über die Almen zogen, früher sein Lager verlassen. Die Schafe waren noch nicht in die Hürden getrieben. Als der Bär in ihre Mitte fuhr, nahm er sich, wie immer, einen der großen Widder oder vielleicht einen Leithammel. Da stoben die anderen Schafe in alle Windrichtungen auseinander. Auf ihrer Flucht vor dem Raubwild stürzten sie die Felswand hinunter.

Nun will der Hirte es dem blutgierigen Räuber heimzahlen. Sobald das verabredete Zeichen, das langgezogene „Buuuh", vom Bergrücken herabklingt, geht die Treibjagd mit großem Geschrei los. Allen voran ist Ion, er schreit und schwingt seinen Hirtenstock, als ob er den Bären aus dem Winterschlaf wecken müßte. Eichelhäher und Elstern fliegen den Treibern kreischend voran. Eine aufgeschreckte Rehgeiß schnellt in hohen Fluchten über die Felsblöcke.

Der Wechsel des Bären geht quer durch den zerklüfteten Steilhang mit dem Windbruch. Hier müssen sich auch die Treiber durchwinden. Die Jugend turnt über die gestürzten Baumriesen, die Älteren kriechen unten durch, jeden Augenblick gefaßt, auf das Raubwild zu stoßen. Je tiefer sie in die Festung des Karnivoren eindringen, desto lauter wird ihr Geschrei.

Die Treiber finden unter vier übereinandergestürzten Fichten eine Höhle mit Fichtenzweigen ausgelegt, und nun wächst der Lärm zu einem Höllenspektakel an.

Die älteren Bergbauern rufen Doagă zurück, als sie sehen, daß er weit voraus ist. Es sei gefährlich, schreien sie, sich dem Bären allein zu nähern. Er soll mit ihnen in einer Reihe vorwärtsgehen, so hat auch der Karnivore nicht den Mut anzugreifen! Der Hirte lacht nur, und aller Vorsicht trotzend, ist er den anderen bald fünfzig, sechzig Schritt voraus.

Es wird für die Treiber immer schwerer, im Halbkreis vorwärtszugehen. Der Abstand zwischen den Leuten wird stets kleiner. Die Angst, von dem Bären angefallen zu werden, läßt sie einander näherrücken.

Nur Doagă läuft allen voran weiter. Bis zu den Jägern hat er vielleicht noch fünfzig Schritt, da übertönt den Lärm der Treiber ein gellender Schrei. Mit einemmal ist es mäuschenstill im Wald. Nur einige Treiber, die weiter weg, auf der rechten Flanke gehen, rufen noch. Da, wieder ein schrecklicher Schrei Doagăs, der in einem Röcheln abklingt. Der Wald und die Menschen erstarren.

Erst später, als ein Eichelhäher kreischend über den Windbruch fliegt, kommt wieder Leben in die entsetzten Menschen. Panische Angst packt die Treiber, die noch vor einigen Augenblicken fröhlich sangen und lärmten. Die bis dahin roten, erhitzten Gesichter sind nun kreideweiß.

Die Menschen blicken sich an, lesen sich das fürchterliche Geschehen von den Gesichtern ab, machen kehrt und laufen zurück. Hinunter geht es schneller und leichter.

Einige beherzte Hirten, unter ihnen zwei Freunde Doagăs, bleiben stehen und blicken in die Richtung, aus der eben der furchtbare Schrei des jungen Hirten kam. Was tun? Warten, bis die Jäger kommen, die ja in der Nähe sind? Doagă zu Hilfe eilen?

Da kracht ein Schuß, ein zweiter. Der Büchsenknall macht den Treibern wieder Mut. Vorsichtig setzt sich der alte Baciu in Bewegung, ein junger Hirte macht es ihm nach, ein dritter fängt an zu schreien, um, so denkt er, den Bären von seinem Opfer zu vertreiben. Vielleicht will er sich auch nur Mut machen. Ein vierter und fünfter rufen, er solle schweigen, damit man höre, was geschehen sei. Eng zusammengedrängt, gehen sie zögernd weiter, bis ein Jäger ihnen von einem umgestürzten Baumstamm aus zuwinkt, rasch näher zu kommen, um Doagă zu helfen.

Als die Hirten atemlos zur Unglücksstelle gelangen, bietet sich ihnen ein gräßlicher Anblick. Doagă liegt blutüberströmt neben einer gestürzten Fichte. Der Bär hat ihm dort aufgelauert. Als Doagă vorbeikam, hatte ihn der Bär mit einem fürchterlichen Prankenhieb niedergeschlagen und ihm mit den messerscharfen Krallen die Halsader aufgerissen. Dem armen Jungen ist nicht mehr zu helfen.

Die Schüsse haben den flüchtigen Bären verfehlt.

Die Bärin

In der nördlichen Moldau trug sich vor etlichen Jahren eine sonderbare Geschichte zu, die ich wegen ihres Seltenheitswertes hier wiedergeben will.

Die Hirtenfeuer auf den Almwiesen des Căliman waren schon seit Wochen erloschen. Neuschnee lag auf den Felskuppen und bedeckte das struppige Heidelbeergebüsch bis tief hinunter zu den dunklen Fichtenwäldern.

Der Samenfall der Eichen und Buchen, die bis zur Tausendmetergrenze reichten, war in jenem Jahr nur spärlich. Hungrig durchwanderten die Schwarzwildrotten und Bären die Bergmassive auf der Suche nach Fraß. Wenn die hungrigen Urwaldrecken aufeinandertrafen, war zumeist nur die kalte Mondsichel Zeuge des rücksichtslosen Kampfes ums Dasein, der immer blutig endete. Die eigentlichen Sieger wurden nur allzuoft die grauen Räuber, die Wölfe, die, vom Schweißgeruch angelockt, den todwunden Keilern und Bären ein grausiges Ende bereiteten.

Die Bärin, die die Herden auf den Almwiesen während des Sommers um manches Rind oder manchen Hammel verringert hatte, durchwanderte jetzt unruhig und hungrig ihr Jagdrevier. Hellblauer Nebel bedeckte die Almwiesen, während die Bärin die leeren Schafhürden witternd umkreiste. Doch von den Menschen und Tieren waren nur die Asche der erloschenen Lagerfeuer und der scharfe Geruch der Widder zurückgeblieben.

Auf der Suche nach Fraß ging die Bärin den Spuren der Herden nach. So kam sie immer tiefer von den Bergen herab und näherte sich den Dörfern am Fuße der Ostkarpaten. Vergebens suchte sie den aufreizenden Glockenton der Leithammel und das wachsame Gebell der Hunde, überall umgab sie die tiefe Stille der Bergwelt. Sie nährte sich unterdessen von Pilzen, spätreifen Beeren, Waldobst, das noch auf den Bäumen geblieben war, verschmähte aber auch Maden, Würmer und Frösche nicht.

Nach den erfolgreichen Raubzügen im Sommer suchte sie nun die ganze Zeit nach dem süßen Hammelfleisch. Bis sie eines Nachts auf ihrer Wanderschaft das einsilbige Gebell von Moş Tomas Mura vernahm. Sie ging dem Gebell nach, und bald brachte ihr der aufkommende Morgenwind den blutwarmen Schafgeruch in die witternde Nase. Mit einem Mal war sie wieder das reißende Raubtier. Die Gelegenheit ließ nicht lange auf sich warten.

Oberhalb des Dorfes, in einem Waldwinkel, meldeten ihr die scharfen Gehöre ein weidendes Tier, noch ehe sie dessen Wittrung aufnahm.

Moş Toma ließ, bevor der Winter das spärliche Gras bedeckte, seinen anspruchslosen Esel über Nacht auf der Weide. Die Bärin näherte sich lautlos, und mit einem Schlag ihrer Pranke brach sie ihm die Wirbelsäule und schleppte aufrecht gehend ihr röchelndes Opfer tiefer in den Wald.

Unter den Hirten ist es bekannt, daß viele Bären das Eselsfleisch dem Schaf- oder Rindfleisch vorziehen. Die hungrige Bärin fraß sich voll. Den Rest vergrub sie, um ihn vor Füchsen und Wölfen zu schützen, unter Blättern und Astwerk.

Doch seltsam, nach einigen Tagen wurde sie wieder unruhig, es war nicht mehr die räuberische Gier, der Heißhunger, der sie früher die Viehherden tage- und wochenlang verfolgen ließ; es war mehr ein Suchen nach Ruhe. Auch die Menschen machten sie nicht mehr böse, wenn sie in der Nähe ihres Verstecks vorbeigingen. Der Vermehrungstrieb wurde stärker als der Hunger, die Angst und der Haß gegen den Menschen. Die Bärin suchte voller Unruhe ein Versteck, wo sie ihre Jungen bringen konnte. Auf einer ihrer nächtlichen Wanderungen drang sie in den Garten von Moş Toma am Waldrand; ihre Nase führte sie zum alten Schweinestall, der schon seit Monaten leer stand.

In unseren Bergdörfern geschieht es zuweilen, daß der Karpatenbär sich am Dorfrand niederläßt, hier eine Zeitlang fast so friedlich wie ein Haustier lebt. Es ist ja bekannt, daß die meisten Bären keine Fleischfresser, sondern Vegetarier sind. Sie werden von den Menschen jedoch hier nicht in Ruhe gelassen, weil sie großen Schaden in den Obstgärten, auf den Hafer- und Maisfeldern anrichten.

Eines Morgens ging Moş Toma in seinen Garten, um den alten Schweinekoben abzureißen, da er sich schon vor einem Jahr einen neuen gebaut hatte. In der Nacht war der erste Schnee gefallen, vielleicht ließ sich da noch etwas Brennholz machen. Wie immer sprang ihm sein Hund Mura einige Schritte voraus. Als sie in die Nähe des Schweinekobens kamen, begann Mura zu knurren, er wollte trotz allem Zureden nicht weitergehen.

„Was zum Kuckuck hast du!" rügte Moş Toma den Hund. Doch Mura rührte sich nicht vom Fleck. Da schien dem Alten die Geschichte verdächtig. Er umkreiste den Koben, konnte jedoch keine Fährte im Neuschnee entdecken. Nun packte er die Axt fester und ging entschlossen auf den Stall zu. Der Hund folgte ihm nur widerwillig mit gesträubtem Rückenhaar.

Da wird sich doch kein Wolf versteckt haben, dachte der Alte. Na, mit Isegrim werde ich schon noch fertig. Als er jedoch ganz nahe war, hörte er böses Brummen und dazwischen leises Winseln.

„Teufel, das klingt ja nach Bärin; ha, eine schöne Bescherung!" murmelte Moş Toma verdutzt. „Jetzt weiß ich auch, wohin mein Esel verschwunden ist!" Vorsichtig trat er den Rückzug an.

Als ehemaliger Jäger wußte er, daß eine Bärin mit Jungen

keinen Spaß versteht, aber auch gesetzlich geschützt ist. Moş Toma ging gleich ins Gemeindeamt, um den Vorfall zu melden. Dort befahl man ihm, die Bärin in Ruhe zu lassen. Der Gemeindediener bekam den Auftrag auszutrommeln, wer Speisereste habe, solle sie bei Moş Toma für die Bärenfamilie abliefern.

Mit einemmal stand der Alte im Mittelpunkt der Aufmerksamkeit. Es wurde ein Bericht zum Forstkreisrat geschickt. Bei der Forstdirektion wollte man die Bärengeschichte nicht recht glauben und sandte einen Vertreter.

Die Jugend des Dorfes belagerte ständig den Garten Moş Tomas, der den Auftrag hatte, alle Ruhestörer fernzuhalten. So wurde die Bärenmutter mit ihren Jungen „Ehrengast" des Dorfes.

Später, als die freiwilligen Spenden der Bevölkerung nachließen, wurde die Bärenfamilie von der Gemeinde mit Fraß versorgt.

Es bestand sozusagen ein ungeschriebener Vertrag zwischen den beiden Teilen. Die Lokalbehörden sorgten für die nötige Nahrung, und die Bärin ließ die Haustiere der Bergbauern in Frieden. Solange die „Vertragspartner" ihren Verpflichtungen nachkamen, war alles in bester Ordnung. Aber im Dorfbudget waren diese zusätzlichen Ausgaben nicht vorgesehen. Deshalb wurden die Rationen immer kleiner, die Bärenjungen aber immer größer, und damit wuchs auch der Hunger.

Man darf den guten Leuten nichts Schlechtes nachreden; solange das Neue und Kuriose an der Sache das Interesse der Bauern wachhielt, war Nahrung genug da, aber was zuviel ist, schadet eben, sagten sich die Menschen.

Die treuesten Anhänger waren und blieben die Kinder, sie sparten es sich vom Munde ab, sammelten, stahlen sogar, nur um den kleinen Bären ein Stück Brot oder einen Apfel bringen zu können.

Monate vergingen, die Bärlein waren schon so groß wie die Dorfköter und verlangten jeden Tag nach mehr Fraß. Was blieb der fürsorglichen Bärenmutter anderes übrig, als zu ihrer alten Lebensweise zurückzukehren? Die Bärin fing an, sich ihre Kost selbst zu holen, lag doch die Speisekammer ganz nahe. Auch mußte sie als gute Mutter ihre Bärenkinder lehren, wie man nachts ein Schaf, ein Schwein oder ein Kalb stiehlt und ihm den Hals umdreht.

Das wollten sich die guten Leute jedoch nicht gefallen lassen; sie schrien nach Rache und Vergeltung.

Die Bauern kamen jede Woche zweimal zum Gemeinderat klagen und verlangten Schadenersatz. Böse Zungen sagten, um das Geld, das die schlauen Bauern verlangten, hätte man drei Bärenfamilien erhalten können. Aber wie sollte man schon feststellen, wer die vielen Schweine und Schafe verzehrte?

Doch die Antwort vom Kreisforstamt ließ auf sich warten. Der Gemeinderat beriet nun, wie er die Vielfresser loswerden könnte. Man fand jedoch auch nach stundenlanger Debatte keine Methode, die Bärenfamilie zu überzeugen, aus freien Stücken wieder in den Wald zurückzukehren.

Die Nachbarn fielen über Moş Toma her, da sie zur Speisekammer der Bärin gehörten und die größten Opfer zu bringen hatten. Sie sagten ihm: „Du hast uns die Läuse in den Pelz gesetzt, die wir nicht mehr loswerden, mach du Schluß mit ihnen!"

Andere drohten, sie würden sich selbst das Recht nehmen und der Räuberei ein Ende setzen, wenn der Gemeinderat nichts unternahm. Aber es blieb bei der Drohung; jeder wartete, daß der andere etwas tat. Inzwischen wuchsen die Jungen heran, und die Bärin unternahm während der langen Winternächte immer größere Raubzüge. Als die Forstverwaltung schließlich überzeugt war, daß die Bärin nicht im Sinn hatte, das Gemeindebudget zu entlasten und mit ihren Sprößlingen in die Wälder zurückzukehren, gab sie die Abschußbewilligung für die Bärin.

Wieder sagten die bösen Zungen: „Die Erlaubnis, die Bärin abzuschießen, ließ darum so lange auf sich warten, weil der Pelz nur im Winter was wert ist." Nun, wie es auch gewesen, es fanden sich rasch kühne Bärenjäger (die es ja überall gibt), die die Bärin weidgerecht erlegten.

Die beiden Bärenjungen wurden amnestiert und durften, da sie in der Wahl ihrer Nahrung weniger anspruchsvoll waren, im Dorfe bleiben und mit der Dorfjugend herumtollen.

Die größte Freude der Buben war es, ihre Kräfte im Ringkampf mit den jungen Bären zu messen. Es war lustig anzusehen, wie tolpatschig, doch immer gutmütig, sich die Bären beim Spiel benahmen. Unvoreingenommene Eltern (es soll ja auch solche geben) konnten feststellen, daß ihre Sprößlinge beim Spiel oft listiger und bösartiger waren als die Bärenkinder.

Doch auch diese Idylle dauerte nicht lange. Mit zunehmendem Alter (was für den Menschen ein Lebensjahr, ist bei den Bären ungefähr eine Zeit von zwei bis drei Monaten) kamen das Bewußtsein ihrer Kraft, der Mutwille und nicht zuletzt der Raubtierinstinkt.

Vom Spiel mit den Kindern gingen sie dazu über, den Haustieren nachzustellen. Als sie merkten, daß es gar nicht schwer ist, mit einem Prankenschlag einem Hund das Genick zu brechen, versuchten sie es auch mit Schweinen und Schafen (Fleisch schmeckt eben besser als Küchenabfälle). Da waren auch die Stunden ihrer Freiheit gezählt.

Eines Tages kam eine Kommission aus der Kreisstadt an, die jungen Bären wurden in einen Käfig gesteckt und in die Stadt geschafft, wo sie im Tiergarten noch viele Jahre zum Ergötzen der Stadtjugend ihre Späße trieben.

Zum ehrenden Andenken der Bärenfamilie muß gesagt werden, daß sie die Menschen nie angegriffen und selbst den Kinder nichts zuleide getan hatte.

Glück im Unglück

Kalter Nordwind blies über die fast entlaubten Buchen- und Eichenwälder. Nur rostbraune, zähe Eichenblätter hielten sich noch an den knorrigen Ästen fest.

Der Ernteregen der Bucheckern und Eicheln war beendet. Die Wildsauen hatten Weiß angesetzt, und die Bären waren fett geworden.

Die Jäger zog es mächtig in die Berge, obwohl der Schnee erst in der Luft lag, wie unser Jagdleiter Windhager sagte, während er seine Gurkennase in die Luft streckte.

„Morgen haben wir den ersten Schnee", sagte er und klopfte dem erfahrenen Jäger Mihai freundschaftlich auf die Schulter. „Ich habe euch gesagt, bleibt auch morgen da. Im Neuschnee finden wir ganz bestimmt die Rotte Sauen."

„In einem solchen Revier geht's auch ohne den weißen Leithund", antwortete Mihai und blickte zum Oberförster auf, der ihn um mehr als einen Kopf überragte.

„Will nichts gesagt haben, aber um die Zeit der Suche nach Fraß ist es schwer, die Einstände der Sauen festzustellen und zu sagen: Dort finden wir die Schwarzkittel!"

„Schaut nur, schaut, wie die Rüden an den Riemen ziehen!" Badea, der beleibte, kurzbeinige Buchhalter, zeigte auf die beiden Hatzrüden.

Ich meinte auch, den scharfen Geruch der Wildsauen zu spüren; oder war es nur das faulende Herbstlaub, dessen Geruch die Nase kitzelte?

Ingenieur Dragoescu, auch Costică, der Hebekran, genannt, zog die dichten Augenbrauen hoch, so daß die Augen noch größer wurden, und fuchtelte mit seinen unverhältnismäßig langen Armen nervös herum. „Gehen wir rascher! Die Sauen müssen in der Nähe sein!" sagte er hastig, mit leiser Stimme. Als ob er Angst hätte, daß die Wildsauen ihn vernehmen könnten.

Die Jäger wurden unruhig und wollten sich schon zum ersten Trieb anstellen. Doch Oberförster Windhager hatte sich seinen Jagdplan zurechtgelegt, und da gab es nichts daran zu nörgeln, noch weniger zu ändern. Es dauerte noch eine Weile, bis er dem Forstgehilfen Chincea ein Zeichen gab, rechts abzubiegen, um mit den beiden Rüden dorthin zu gehen, von wo aus der Trieb beginnen sollte.

Die vier Jäger bezogen die Wechsel über den Bergrücken, während der Oberförster zur rechten Flanke ging.

Da es unsere erste Schwarzkitteljagd in dieser Jagdsaison war, stellten sich alle recht unternehmungslustig ein. Die frische Bergluft, gewürzt mit dem Harzduft der Tannen, die in kleinen Gruppen den Laubwald durchsetzten, die blanke Morgensonne über den Baumwipfeln stachelten auch meinen Tatendrang an. Heute muß es klappen, sagte ich mir. Jagten wir doch in einem der besten Schwarzkittelreviere.

„Die Bären sind schon höher gezogen, näher zu ihren Winterquartieren", sagte der Oberförster am Morgen, „wir werden kaum Überraschungen zu befürchten haben."

Von meinem Ansitz, einer vom Sturm gefällten Buche, blickte ich aufmerksam hinunter zur Talsohle, woher die Sauhatz kommen sollte. Es dauerte nicht lange, da erklang am gegenüberliegenden Hang das jauchzende Halsgeben der Bracken. Im Tal wurde das aufreizende Geläute immer leiser, bis es völlig verstummte, um dann nach kurzer Zeit um so lauter zu erschallen.

Doch was war das? Rief da nicht Chincea, der im Trieb ging: „Achtung, ein Bär! – Ein Bär kommt!"

Verdammt noch mal! dachte ich, die Bracken hetzen einen

39

Bären, den wir nicht erlegen dürfen, während die Wildsauen, wenn sie im Trieb sind, seitwärts auswechseln.

Die Hatz kam etwas von rechts auf unsere Stände zu. Doch horch! Auf etwa fünfzig Schritt zur linken Hand lautes Brechen und Knacken im trockenen Fallholz. Flüchtiges Wild näherte sich, verhoffte hinter Jungtannen. Zum Kuckuck, dachte ich, was ist da los? Das Wild links von mir, die lautgebenden Rüden rechts unten. Gespannt blickte ich in die Richtung der Jungtannen. Bär oder Wildsau.

Das dunkle Grün der Tannen bewegte sich, und der braune Kopf eines Bären schob sich heraus. Meister Petz verhoffte und trollte dann in Richtung auf meinen linken Nachbarn, den dicken Buchhalter, zu. Doch auf einmal verharrte er von neuem und hob die Nase. Herrlich, dachte ich, ein Stück Urwald. Sein struppiger, rotbrauner Pelz glänzte in der Sonne. Leider hatte ich keine Zeit, ihn weiter zu beobachten. Ein Geräusch, das wie unwilliges Brummen klang und er änderte die Richtung. Hatte er den Schützen in Wind bekommen oder eräugt? Nun kam er mit raschen Sprüngen schnurstracks auf mich zu. Noch ehe ich mich durch Rufe oder eine Bewegung bemerkbar machen konnte, hatte er sich mir auf wenige Schritte genähert. Ich konnte vor Aufregung nur noch kurz husten. Die Kehle war mit einem Mal ausgetrocknet. Der Bär verhoffte, erhob sich mit einem Ruck, das Haar der Halskrause sträubte sich, und er funkelte mich mit seinen kleinen Sehern böse an. Ich hatte vorher noch eine Reflexbewegung gemacht und die Büchse in Anschlag gebracht. Was wird das Raubtier tun, angreifen oder weitertrollen? Starr, fast ohne zu atmen, stand ich da, bereit, ihm zwei Expreßkugeln in den Leib zu jagen, wenn er noch eine Bewegung auf mich zu machen sollte.

Ich hatte den Eindruck, daß auch er über unser Zusammentreffen überrascht war. Er schnaufte und brummte erzürnt. Als er merkte, daß ich keine feindselige Bewegung machte, schimpfte und brummte er noch einmal, ließ sich auf die Vorderpranken nieder und sprang weiter. Erleichtert aufatmend, drehte ich mich langsam nach ihm um, doch das mächtige Wild war schon hinter den Buchenstämmen verschwunden.

Rechts unten schien der Teufel los. Es mußte in der Nähe von Ingenieur Dragoescu sein. Ich machte einige Schritte, um in die Senke blicken zu können, von wo das wilde Gekläff der beiden Bracken kam. Mit dem Feldstecher sah ich nur einen der halsgebenden Rüden. Plötzlich teilte sich das Gebüsch, und ich sah den Bären mit offenem Fang auf einen der Rüden losstürmen, ein Prankenhieb erwischte die Bracke, und jaulend flog sie in weitem Bogen zur Seite. Armer Kerl, den hatte es erwischt. Donnerwetter, ein stattlicher Petz, dachte ich. Da brach ein Schuß. Warum hatte man geschossen? Kurz darauf ein grauenvoller Aufschrei.

Das war Dragoescu, blitzte es mir durchs Gehirn. Jung, unerfahren, ein Kraftmeier. Ich lief, was das Zeug hielt, die Senke hinunter. Da hörte ich Schreie: „Hu, hou." Der Oberförster und der Forstwart Chincea waren schon zur Stelle. Schüsse böllerten in die Luft. Von Meister Petz sah ich nichts mehr. Er hatte die Flucht ergriffen.

Ingenieur Dragoescu, bleich, mit eingefallenen Wangen, paffte an einer Zigarette, während der Oberförster und Chincea ihm halfen, die zerrissene Lederjacke auszuziehen, und den Rücken des Jägers untersuchten.

„Glück im Unglück", sagte Windhager. „Die Wunden sind nicht tief. Nur müssen wir sie desinfizieren."

„Was ist geschehen?" – „Wie konnte das passieren?" – „Ist der Bär angeschweißt?" Die Jäger waren herbeigelaufen, und jeder wollte wissen, was Ingenieur Dragoescu getan hatte.

„Laßt ihn!" sagte der Oberförster. „Da gibt es nicht viel zu erzählen, ich habe mir die Szene aus der Nähe angesehen. Vom Gekläff der Bracken angelockt, war ich herangepirscht, um zu sehen, was da los war, warum die Bracken so einen Heidenspektakel machten. Sie hatten den Bären gestellt, dabei hat mein braver Lord eins abbekommen. Ich hoffe nur, daß die Bestie ihm keine Rippen gebrochen hat. Von den Rüden wild gemacht, war der Bär auf Ingenieur Dragoescu gestoßen, der ihn durch einen Schreckschuß vom Angriff abhalten wollte. Der Bär war jedoch schon zu nahe und attackierte ihn. Was geschah weiter?" wandte er sich an Dragoescu.

Der Ingenieur räusperte sich verlegen. „Hm, der Bär kam wie eine Furie auf mich zugerast. Da habe ich... geschossen. Das hat ihn aber noch rasender gemacht. Als ich sah, daß er mich annehmen wollte, machte ich kehrt und wollte davonlaufen, im Glauben, er werde nun erkennen, daß ich mit ihm nichts zu tun haben wollte."

Über das jugendliche Gesicht huschte ein verzagtes Lächeln. „Weiter weiß ich auch nicht, was geschehen ist, ich spürte nur einen wuchtigen Schlag über den Rücken, der mich niederwarf. Dann fühlte ich noch seinen heißen Atem im Genick..., das war alles."

Dragoescu setzte sich ins trockene Waldgras, und der Oberförster pinselte die Kratzwunden mit Jod ein.

„Man darf beim Anblick des Bären den Kopf nicht verlieren", sagte Windhager und besah sich den tätowierten Rücken. „Wenn man in Panik gerät, schießt oder läuft, bringt das Meister Petz in Wut. Ruhiges Verhalten des Jägers hilft fast immer. Wenn aber unbedingt geschossen werden muß, dann soll man das Herz, den Hals oder den Kopf anvisieren, losdrücken und hinter den erstbesten Baum springen. – Na ja", er stellte das Jodfläschchen in die Medikamententasche zurück und kratzte sich hinter dem rechten Ohr, „es ist immer leichter, Ratschläge zu geben. Aber wenn so ein mächtiges Raubwild mit offenem Fang auf dich zuspringt, gehört schon etwas Mut dazu, ruhig abzuwarten, was es im Sinne hat."

Auf den Gipfeln des Tarcu und Gugu glänzte der erste Schnee. Eisig pfiff der Nordwind dort oben und wirbelte den

Neuschnee über die Hänge. Tausend Meter tiefer war es im Windschatten einer Felswand ganz angenehm, am Lagerfeuer den Imbiß einzunehmen und dem Gespräch der Weidgenossen zu lauschen. Der Oberförster führte das Wort. Er fühlte sich wohl verpflichtet, auch für die Unterhaltung der Jäger zu sorgen. Während er eine Flasche Zuika in die Runde reichte, erzählte er eine ergötzliche Geschichte:

„Vor einigen Monaten kam ein Holzfäller zu mir und beklagte sich, ein Bär sei in seinen Bienengarten eingebrochen und habe ihm einen ganzen Bienenstock samt Rahmen und Honigwaben weggeschleppt. Nun, wir wissen alle, daß Meister Petz ein Leckermaul ist. Nicht nur Himbeeren, Preiselbeeren oder Heidelbeeren läßt er sich schmecken; er ist oft stundenlang auf der Suche nach dem Honig der wilden Bienen.

Um den Waldarbeiter zu beruhigen, ging ich in seinen Garten, wie er die kleine Waldlichtung mit zwei, drei verwilderten Apfelbäumen nannte, um nachzusehen. Dobre, so heißt der Arbeiter, hatte dort zehn oder zwölf Bienenstöcke stehen. Der Garten war eingezäunt und ringsherum Stacheldraht gezogen. An der Nordseite wurde er von einem dichten Rotbuchen-Jungwald gesäumt. Aus dieser Dickung war Meister Braun am Morgen gekommen. In der Nähe des Zaunes hatte er eine Zeitlang im hohen Gras gelegen, wahrscheinlich, um sich zu vergewissern, daß ihm keine Gefahr drohe. Man sah die Abdrücke seines plumpen Körpers noch ganz gut im weichen Waldgras. Als er sich überzeugt hatte, daß alles in Ordnung war, hob er den untersten Draht hoch und schlüpfte drunter durch. Am Stacheldraht hing noch schwarzbraunes Haar von seinem Pelz. Einmal im Garten, ging er nicht auf den erstbesten Bienenstock zu, um ihn vom süßen Inhalt zu leeren. Nein, er spazierte zuerst die Bienenstockreihe entlang und wählte sich einen von den zwölf Stöcken aus." Der Oberförster ahmte den Bären nach, während er im Halbkreis herumtappte. „Nach welcher Methode oder besonderem Merkmal er die Auswahl traf, ist für uns Menschen schwer zu beurteilen. War es die Farbe des Bienenstocks, die Anzahl der ausfliegenden Bienen, der Geruch des Honigs, wer kann es wissen?"

„Hat er sie nicht auf ihr Gewicht geprüft?" wollte Badea, der Buchhalter, wissen.

„Nein, er nahm nur einen Bienenstock, den er eben ausgesucht hatte, unter den Arm, zwängte sich damit unter dem Stacheldraht hindurch und trollte zurück in den Wald. Dort nahm er die Rahmen mit den Honigwaben aus dem Stock und ließ sich die zehn, zwölf Kilo Honig schmecken."

Inzwischen hatte der Forstwart Speck mit ganzen Zwiebeln am Spieß gebraten. Nun bot er jedem davon an. Ingenieur Dragoescu holte eine Flasche Kognak aus dem Rucksack und reichte sie dem Oberförster. „Trinken Sie, auf unser aller Wohl! Wären Sie nicht so rasch zur Stelle gewesen…"

„Prosit! Brr", der Oberförster schüttelte sich. „Fünf Sterne, nicht schlecht!" Er reichte die Flasche Dragoescu zurück, von wo sie die Runde machte.

„Wir sind zwar auf einer Saujagd, da wir jedoch ‚Bärenpech' haben, will ich euch eine kleine Geschichte von Meister Petz erzählen", sagte Mihai, nachdem er sich einen Schluck vom Fünfsternigen genehmigt hatte.

„Ich verbrachte meinen Urlaub in den Ostkarpaten. Sonntägliche Ruhe lag über dem Hügelland am Fuße der Berge. Hell klang das Glöcklein vom Holzkirchturm des nahen Dorfes in den sonnigen Morgen, während ich mit meiner Angelrute den Gebirgsfluß entlangging, um mich als Petrijünger zu versuchen. Als ich so das Flußufer entlangschlenderte, um eine geeignete Stelle zu finden, flog auf einmal ein Apfel vor meine Füße. Ich schaute auf, etwa sechs, sieben Meter vom Ufer entfernt stand ein großer, dichtbelaubter Apfelbaum. Da war vielleicht ein Vogel, der daran gepickt hat, dachte ich und hob den Apfel auf. Erstaunt blickte ich auf die angebissene Goldrenette. Ein Mensch also, überlegte ich. Nun merkte ich auch, daß der Apfel von selbst gar nicht bis zu mir rollen konnte.

Was denkt ihr, wer da im Apfelbaum hockte und von den saftigen Früchten schmauste? Ein junger, vielleicht zwei, drei Jahre alter Petz saß in der breiten Krone und ließ sich die Äpfel schmecken. Aus Mutwillen, Spiellust oder Neid, damit ich ihm keine Konkurrenz mache, wollte er mich von seinem Apfelbaum vertreiben. Als ich näher trat, um ihn besser unter die Lupe zu nehmen, flog mir ein Apfel an den Kopf, so daß ich den Rückzug antrat. Es war ein komisches, doch unvergeßliches Bild, in freier Natur einen Bären auf einem Apfelbaum sitzen zu sehen."

„Ich meine, wir sollten aufbrechen", unterbrach der Oberförster die Erzählung Mihais. „Wir müssen noch ein gutes Stück weitergehen, damit sich die Bären hier wieder beruhigen. Wir werden den Westhang durchkämmen, vielleicht finden wir dort in der Fichtenschonung die Schwarzkittel. Während der Nacht hat der Nordost ziemlich heftig geblasen, das haben die Wildsauen nicht gern. Es ist anzunehmen, daß sie am Westhang Zuflucht gesucht haben."

Eigentlich war es schade, daß wir keine Abschußerlaubnis für einen Bären hatten. Gleich zwei stattliche Petze mit ziemlich guter Decke, wenn sie im Herbst auch nicht mit jenen im Vorfrühling zu vergleichen sind, vor den Büchsenlauf zu bekommen und verzichten zu müssen, ist für einen Nimrod nicht leicht. So konnte ich Ingenieur Dragoescu ganz gut verstehen, wenn er auch im stillen vom Oberförster mißbilligt wurde.

Jäger sind im allgemeinen Optimisten, also erhofften wir unser Waidmannsheil am Westhang. Eigentlich ein ideales Terrain für Wildsauen. Windgeschützt, dichte Jungfichtenpflanzung, abwechselnd mit hohem Farnkraut und Felspartien, die verstreut im hohen Buchenwald lagen. In tiefen Schluchten gluckste frisches Quellwasser, das die Suhlen der

Wildsauen berieselte. Nur Chincea hatte es schwer, sich in der Verästelung vieler Wasserrisse, Schluchten und Täler zurechtzufinden.

Bald erklang der helle Ton seiner kleinen Jagdtrompete, das Zeichen, daß er die Bracken schnallte. Ich wählte meinen Stand neben einer Weißbuche, deren kurze, knorrige Äste schon manchen Sturm überlebt hatten. Etwa hundert Gänge entfernt, an einem grauen Fels, stand Mihai.

Oberförster Windhager hatte für uns beide diese Stände gewählt, weil wir Büchsen führten, mit denen man noch auf hundert Meter einen sicheren Schuß anbringen konnte.

In der Nähe unserer Stände zeterten einige Eichelhäher, die mir mit ihrem streitsüchtigen Gekreisch auf die Nerven gingen. Doch was war das – ihre Stimmen klangen jetzt warnend, auch schienen sie etwas zu beobachten. Bewegte sich da unter dem Baum, auf dem sie saßen, nicht das Farnkraut? Sie kamen herangeflogen und begleiteten mit ihren Warnrufen das Tier, das unter dem schützenden rostbraunen Dach näher kam. Mit entsicherter Büchse verfolgte ich gespannt, was da herannahte. Am Ende der Farnwildnis erschien der spitze Kopf Reinekes, vorsichtig trat der Fuchs heraus, verhielt für einen Augenblick, dann schnürte er in etwa zwanzig Meter Entfernung vorbei. Schnür nur weiter, deines Balges wegen vergräme ich den Bassen nicht. Schön und interessant, wie der kleine Räuber durch sein Jagdrevier streifte, jede Terrainfalte auf seinem Pirschgang nützend.

Der harte Nord, der am Morgen blies, war hier überhaupt nicht zu spüren, aber auch die Sonne verwöhnte uns nicht mit ihrem bleichen Spätherbstlicht. Es mochte eine halbe Stunde verflossen sein, da erklang das Geläute der beiden Bracken, in vielfachem Echo zurückgeworfen, zu unseren Ständen. Mal jauchzte es hell und ganz nahe, dann wieder kam es einsilbig, grob aus tiefen Schluchten herauf. Glockengeläut und Orgelmusik klangen in unseren Ohren und ließen unsere Herzen rascher schlagen.

Wie der Sturmwind kam die Rotte herangebraust, verhoffte im dichten Fichtenforst und flüchtete unter den letzten Jägern vorbei aus der Schützenreihe. Muß ein geriebener Bursche sein, der schon Pulver gerochen hat, weil er die von Jägern besetzten Hauptwechsel meidet, dachte ich.

Einsilbig und gleichmäßig wie ein Metronom kam nun das „Wau...wau...wau..." aus einer der Schluchten herauf.

Was tun, den Stand wechseln? Während ich überlegte, kehrte die Rotte zurück. Ich machte eine Drehung von hundertachtzig Grad. Die wackeren Bracken brachten nun das Wild den Jägern näher. Wird es dem Bassen oder Bären von neuem gelingen, die Rüden zu überlisten? Nein! Am Ende der Schützenreihe stand Mihai. Das Wild kam gegen den Wind zu unseren Ständen; wird es aber nicht die Wittrung aufnehmen?

Die Rüden gaben Standlaut. Wenn sich Mihai nur näherte, bevor das Wild wieder die Richtung änderte. Ich packte die Büchse fester: Sollte ich mich heranpirschen? Ein Schuß peitschte durch den Wald und wurde in vielfachem Echo zurückgeworfen. Ein zweiter folgte. Erwartungsvolle, bange Stille. Wütendes Gebell der Bracken. Getroffen! dachte ich, nun zausen sie die Schwarte der Wildsau.

Hinter meinem Rücken krachte das Fallholz. Eine Drehung, und die Büchse flog an die Backe. Ein Bär! zuckte es im Hirn. Nein, eine Bärin mit Jungen. Sie hatte mich eräugt. Böses Brummen. Die beiden einjährigen Petze sprangen schutzsuchend zu ihrer Mutter. Sie gab jedem einen Schubs und flüchtete zurück. Nach einigen Sprüngen verhoffte sie. Äugte noch einmal brummend und schimpfend zurück, bevor sie in der Fichtenschonung, aus der sie gekommen war, verschwand.

Schon drei, mit den beiden Jungen fünf Bären in nur zwei Trieben, dachte ich. Da erklang der metallische Ton aus Chinceas Jagdtrompete. Der Trieb und die Jagd waren für heute vorbei.

Als später Chincea die Leber des Bassen, mit geräuchertem Speck gespickt, am Lagerfeuer briet, erzählte ich dem Oberförster und den Weidgenossen von der Bärin mit den Jungen. Dabei brachte ich mein Erstaunen über die fünf Bären in seinem Revier zum Ausdruck.

Windhager antwortete lächelnd: „Fünf Bären, was gibt es da zu staunen? Bei einer guten Waldobst-, Eichel- und Bucheckerernte kam es schon vor, daß wir in einem einzigen Trieb zehn und noch mehr Bären hatten."

Nach kurzer Pause sagte er voller Stolz: „Wir haben doch die besten Bärenreviere des Kontinents!"

Auf Leben und Tod

„In freier Natur leben die Tiere nach ihren eigenen Gesetzen, die wir leider nur zum Teil kennen." Oberförster Radu Negru, ein breitschultriger Hüne, setzte sich im Lehnsessel zurecht und sah mich mit seinen hellblauen Augen forschend an. Als er sah, daß ich schwieg, Mihai aber zustimmend nickte, fuhr er fort: „Raubwild, wie unser Karpatenbär oder der Wolf, tötet seine Artgenossen nur, um selbst zu überleben. Der Starke besiegt den Schwachen im Kampf ums Dasein."

„Sie meinen, daß Hunger und Vermehrungstrieb die Beweggründe der Rivalität sind?" unterbrach ich den Oberförster.

„Wir haben viele Beispiele, die beweisen, daß nicht nur der Wolf während eines strengen Winters, wenn er keinen anderen Fraß findet, einen altersschwachen oder jüngeren Artgenossen auffrißt, sondern daß auch der Bär auf der Suche nach Fraß den Widersacher, der ihm seinen Platz am Luder streitig macht, tötet und dann zum Leichenschänder wird. Mehr noch", Radu machte eine Pause und sah mich mit überlegener Miene an, „ich habe bei Manteuffel gelesen, daß in Rußland am Ende eines strengen, langanhaltenden Winters manche Bären die Bärenhöhlen aufsuchen, wo sie ihre im Winterschlaf befindlichen Artgenossen überfallen, töten und fressen."

„Ich meine jedoch", bemerkte Mihai, „daß es im Instinkt der Tiere liegt, den Gegner seiner Gattung nicht zu töten, da es ja der eigenen Gattung schadet."

Der Oberförster zog die buschigen Augenbrauen hoch, wobei er Mihai mit ironischem Lächeln anblickte. „Es ist bekannt, daß die Eskimo im nördlichen Kanada noch vor einigen Jahren, wenn sich die Rentiere auf ihrem Zug nach Norden verspäteten, zu Kannibalen wurden. Auch dort wurden nach ungeschriebenen Gesetzen zuerst die Alten getötet, wenn sie nicht den Freitod wählten, um die zu retten, welche die Familie, die Sippe weiter erhalten mußten."

„Das ist ja gräßlich!" unterbrach ihn Mihai.

„Aber wahr", sagte der Oberförster nach einer Pause.

„Sie meinen", nahm ich den Faden des Gesprächs auf, „daß wir keine Ursache haben, unserem Karpatenbären seinen Kannibalismus nachzutragen?"

„Ich bin der Überzeugung, daß die Tiere ohne die würgenden Krallen des Hungers bei ihren Artgenossen nicht bis zur Vernichtung gehen. Die Verhaltensforscher, glaube ich, nennen dieses Phänomen Ritualisierung. Sie verstehen darunter, daß die Aggressivität nicht bis zum Tode des Gegners führt.

Ich hatte Gelegenheit, unsere Wölfe im Sommer, wenn sie genügend Fraß hatten, bei ihren Kämpfen zu beobachten. Die Wölfe gingen wütend aufeinander los, bissen einander, hielten jedoch im Kampfe inne, wenn der schwächere Gegner die Demutsgeste machte: wenn er seinem stärkeren Widersacher den verwundbarsten Körperteil, in diesem Falle die Luftröhre, schutzlos preisgab. Mit einem Biß konnte jetzt der Stärkere den Schwächeren töten, tat es jedoch nicht. Bei den Bären ist es ähnlich: Sie schlagen brüllend zu, wenn dann aber der schwächere Gegner Fersengeld gibt, verfolgt ihn der Sieger nur selten, und der Kampf ist zu Ende."

„Wie steht es bei unserem Rotwild?" wollte Mihai wissen.

„Bei den Hirschen gibt es Rivalitätskämpfe nur während der Brunftzeit. Es ist oft ein harter Kampf, den die liebestollen Haremsbesitzer austragen. Man hat den Eindruck, daß es um Leben und Tod geht, wenn man ihnen zusieht, wie sie mit ihrem starken Geweih aufeinander losstürmen. Doch mit wenigen Ausnahmen sind sie im Kampfe um ihre Rottiere ritterliche

Gegner. Nur selten läßt der Gegner die Absicht erkennen, daß er den anderen töten wolle. Sie stürmen gegeneinander los, daß die Erde dröhnt. Die Geweihe krachen aufeinander, daß man es weit entfernt hört. Sie drängen und schieben mit gesenktem Haupt und rotunterlaufenen Lichtern, oft stundenlang. Der Schwächere, der zuerst ermüdet, gibt den Kampf auf. Der siegreiche Hirsch verzichtet zumeist, den besiegten Rivalen zu verfolgen, und wenn er es schon tut, macht er einige Fluchten, bis der Gegner an den Tieren vorbei ist, dann läßt er ihn in Ruhe."

Während wir bei einem Glas Cotnar-Wein zusammensaßen, ahnten wir nicht, daß keine vierundzwanzig Stunden vergehen sollten, bis wir Augenzeugen eines Kampfes auf Leben und Tod zwischen zwei Urwaldrecken sein würden.

Der Oberförster hatte die Jagd in allen Einzelheiten vorbereitet und uns schon zum Wochenende erwartet. Wegen unserer Verspätung mußte er, um den Hauptbären am Luder zu halten, schon die zweite Schindmähre herbeischaffen.

Nun saßen wir endlich im Försterhaus am Südhang des Caliman. Wir kamen durch die Lunca Bradului in das vulkanische Massiv der Ostkarpaten mit seiner eigenartigen Schönheit. Bis zur Luderhütte waren es noch gut drei Wegstunden.

Am nächsten Tag, als wir aufbrachen, blies ein kalter Wind vom Tale herauf. „Der Schnee liegt schon in der Luft", sagte der Oberförster, als wir dem Steilhang, der zur Luderhütte führte, zuschritten. Dann fügte er hinzu: „Es ist besser, wir sind noch vor dem Abend zur Stelle, vom Luder ist nur noch die Hälfte dort, und wo ich eine dritte Schindmähre auftreiben könnte, weiß ich wirklich nicht."

„Schade, daß die Bären keinen schrottreifen Traktor fressen", lachte Mihai, „die sind leichter als eine Schindmähre zu haben."

„Sehr richtig!" stimmte der Oberförster Mihai zu.

„Der Statistik nach haben wir schon seit zwei Jahren keine

Pferde mehr in unserer Gegend, gut, daß man die Schind-
mähren bei der Zählung nicht zu den Pferden gerechnet hat",
sagte Mihai und blinzelte schelmisch.

Der Aufstieg war schwer; Mihai und ich kamen in dem verharschten Schnee nur langsam vorwärts. Tiefblaue Schatten
lagen zwischen den uralten Fichten, auf deren Wipfeln die
Märzsonne leuchtete. Der Oberförster erzählte unterdessen,
daß der Waldhüter am Luder die Fährten eines zweiten, gerin-
geren Bären ausgemacht hatte. Der mittlere Braune war erst
vor kurzem im Revier gesichtet worden.

Violette Flammen spielten auf der weißen Schneedecke der
kleinen Lichtung, als wir aus dem Fichtenforst heraustraten.
Die Hütte lag am Waldrand, etwa zwanzig Schritt vom Luder
entfernt. Als wir durch die niedere Tür schlüpften, fanden wir
schon Schafpelze und Decken für uns bereit. Auf meinen er-
staunten Blick meinte der Oberförster: „Ion hat sie am Morgen heraufgeschafft, denn man weiß nie, wie lange der Anstand dauert, und in dem Erdloch da kann es bitter kalt werden."

„Ein schönes Stückchen Erde, unser Căliman", sagte Mihai,
während er sich die Schweißperlen von der Stirn wischte.
„Wohl ziemlich viel los hier im Sommer?"

„Noch nicht", sagte der Förster, während er sich auf die
Holzpritsche setzte. „Ich weiß nicht, wie ich sagen soll, ‚leider' oder ‚Gott sei Dank' noch nicht. Die Gegend ist für Touristen noch nicht richtig erschlossen. Nun, für das Wild ist es
besser, wenn es nicht gestört wird, obwohl sich auch die Wild-
tiere ziemlich schnell an die vielgerühmte Zivilisation und
Technik des zwanzigsten Jahrhunderts gewöhnen."

„Meinen Sie?" unterbrach ihn Mihai, der sich abmühte, einen der Schafpelze überzuziehen.

„In den vierzig Jahren, die ich hier oben tätig bin, hatte ich
Gelegenheit zu beobachten, wie sich das Schalenwild be-
nimmt, wenn ein Flugzeug über den Äsungsplatz fliegt. Noch

vor dreißig Jahren flohen die Hirsche oder Gams erschrocken vor dem Riesenvogel oder, wie ich einmal sah, sie warfen sich vor Schreck nieder und blieben regungslos in dieser Stellung liegen, bis das Gebrumm vorüber war."

„Also genau wie wir es im Krieg während der Bombenangriffe taten?!" warf ich ein.

„Die Angst vor dem Tod bringt uns wohl unseren Urahnen näher", philosophierte Mihai.

„Heute", fuhr der Oberförster fort, „äsen sie ruhig weiter, ohne sich um die großen Brummer zu kümmern." Während er sprach, half er Mihai, sich vor der Schießscharte bequem niederzulassen.

Mihai und ich waren dem Oberförster für die zwei Schafpelze dankbar. In der Luderhütte war es nach dem heißen Aufstieg kalt wie in einem Kühlschrank.

Der Wald und die Lichtung lagen in tiefer Stille. In der Erdhütte hörten wir sogar die Armbanduhren ticken. Vielleicht war auch die kalte Enge daran schuld, daß ich den Eindruck hatte, in einem Unterstand aus dem Weltkrieg zu sitzen. Nun hieß es, sich mit Geduld und ruhigen Nerven wappnen.

Nach einer Stunde hatten wir trotz der Decken und Pelze das Bedürfnis, nach der Thermosflasche zu greifen. Auf der weißen Schneedecke vor der Hütte lagen dunkelblaue Schatten. Im fahlen Lichtschein der Dämmerung sah das an den Pfahl gebundene Gerippe der Schindmähre gruselig aus. Eben wollte ich eine Bemerkung machen, da winkte Mihai, ich solle mich ruhig verhalten. Man hörte den gefrorenen Schnee knirschen. Am Waldrand stand ein schwarzer Schatten. War es ein Bär, ein Schwarzkittel oder nur ein Dachs? Da… man hörte, wie er Wind nahm.

„Der Bär!" flüsterte der Oberförster kaum vernehmbar. Hatte er etwas Verdächtiges wahrgenommen? Warum kam er nicht näher? Er verschwand aus unserem Blickfeld, man hörte nur das kratzende Geräusch im Harsch.

Meister Petz schien der Ruhe nicht zu trauen. Die tappenden Schritte schienen sich zu entfernen. Die nervöse Spannung wuchs. Wir versuchten, den Atem anzuhalten, um den Bären besser hören zu können. Nur der Oberförster bewahrte die Ruhe. Er kannte die Gewohnheiten, die außergewöhnliche Vorsicht des Bären, bevor er sich dem Luder näherte.

Aber der Bär hatte schon fast zwei Pferde gefressen, ohne gestört zu werden, warum dann die Vorsicht? Da, wieder näherten sich Schritte, aber weiter rechts. Vielleicht ein anderer Bär? Ich konnte durch die Schießscharte nicht gut sehen, da wir alle drei, zusammengedrängt, vor dem schmalen Spalt saßen.

Der Bär nahm Wind: „Uuuf ... uuuf", es klang, als ob er die Luft schlürfte. Der Oberförster zeigte mit der Hand in die Richtung, wo der Bär windnehmend stand. Endlich! Er näherte sich dem Luder, das an einem starken Pfahl angebunden war. Der Bär schien sich beruhigt zu haben. Vom weißen Schnee hob er sich scharf ab. Er versuchte, mit den Pranken ein Stück Fleisch vom Luder abzureißen. Mihai hob die Zielfernwaffe, der Oberförster hauchte: „Noch nicht, es ist nicht der Hauptbär!" Die Expreßbüchse senkte sich. „Was tun wir?" fragte Mihai mit spröder Stimme.

„Warten, der Hauptbär muß auch noch kommen!"

Der Oberförster hatte recht, dachte ich, da ich jetzt den Bären bei seinem Treiben ruhig beobachten konnte; es war ein mittlerer, vier- bis fünfjähriger Bär. Daß ich es nicht gleich gesehen hatte! Der Bär riß und biß, daß die Knochen splitterten. Wenn er ein Stück Fleisch in den Fang bekam, schmatzte er behaglich.

Unsere Nerven waren aufs äußerste angespannt; wir hatten das beste Schußlicht, das wir uns wünschen konnten. Auch der Schußwinkel war gut, wir brauchten nur loszudrücken, um der Szene ein Ende zu setzen.

„Wie alt ist der Hauptbär?" flüsterte Mihai.

„Das Reifealter um ein, zwei Jahre überschritten", antwortete der Oberförster ebenso leise.

Was war los? Beim Luder war es still geworden. Der Bär stand unbeweglich. Im Walde, aus derselben Richtung wie vorher, hörte man im dichten Unterholz starkes Brechen. Trockenes Geäst barst und splitterte, als ob ein Panzer heranrollte. Der Bär vor dem Luder tanzte unruhig. Ich hätte über die drolligen Bewegungen lachen können, wenn meine Nerven nicht aufs äußerste gespannt gewesen wären. Noch ehe wir sehen konnten, was da aus dem Walde herausgestürmt kam, hatten sie einander schon am Kragen. Zornbrüllend stürzte sich der Hauptbär auf den Eindringling, der es gewagt hatte, in sein Jagdrevier einzudringen und sich ungeladen an seinen Tisch zu setzen. Der erste Angriff war mehr eine Zurechtweisung des jungen Hungerleiders. Als der dreiste Jüngling aber, aus Hunger oder erwachender Manneskraft, den Platz nicht räumen wollte, wurde der Kampf todernst.

Es ist bekannt, daß die Bären nicht wie anderes Raubwild – Wölfe und Füchse – nebeneinander ihr Opfer fressen. Bei den Bären vertreibt immer der Stärkere den Schwächeren, der sich erst wieder heranwagt, wenn der andere satt ist und sich vom Luder entfernt hat. Auch eines der ungeschriebenen Gesetze unseres Karpatenbären, und daß es respektiert wird, dafür sorgen die Pranken und Reißzähne. Ich kannte dieses Faustrecht der Bärensippe und wartete darauf, daß der Jüngere beschämt davonschlich und seinen Platz dem Alten überließ. Wir warteten auf den Augenblick, da sich der Hauptbär allein am Luder zu schaffen machte. Doch der Jüngling brach mit der Tradition, und das sollte ihm zum Verhängnis werden. Er stellte sich dem Hauptbären. So wurden wir unfreiwillige Zeugen eines Kampfes auf Leben und Tod zwischen diesen beiden Recken unserer Karpatenwälder.

Während die beiden Bären brüllend aufeinander losstürzten, einander mit Pranken und Reißzähnen zerfleischten, war es dunkel geworden. Eine finstere Wolkenwand hatte sich vor die Mondsichel geschoben. Die Kämpfenden flossen mit dem dunklen Grau der Nacht zusammen. Während der wenigen Augenblicke, in denen der Mond den Kampfplatz mit seinem diffusen Licht erhellte, hätte Mihai vielleicht eine Kugel anbringen können, wenn die beiden nicht ineinander verbissen, wie ein riesiger Wollknäuel herumgewirbelt wären.

Vom Kampf fasziniert, rief ich Mihai zweimal zu: „Schieß schon, was wartest du noch, rette den jungen Bären!" Nach einer Weile sagte ich von neuem: „Schieß doch, du hast den besseren Platz!"

Der Oberförster jedoch legte seine Hand auf meinen Arm und flüsterte: „Jetzt kann man nicht schießen, erst muß der junge Bär den Platz räumen!"

Der letzte Akt des Dramas hatte sich im Walde abgespielt, von wo das Todesröcheln zu uns drang. Der junge Bär wollte im letzten Augenblick, schon schwer geschlagen, fliehen; der Alte jedoch, böse und wild geworden, verfolgte ihn und biß ihm, wie wir später feststellen konnten, die Halsschlagader durch. Vergeblich warteten wir noch vier Stunden, damit der Hauptbär zum Luder zurückkehrte, um ihm eine Kugel anzutragen. Auch die folgenden zwei Nächte kam er nicht. Der Oberförster war der Meinung, daß auch der Alte im Kampf schwer verletzt worden sei und darum ausblieb.

Wir kehrten zwar ohne Trophäe heim, denn die Decke des jungen Bären war nicht zu gebrauchen. Trotzdem waren wir darüber nicht unglücklich, denn einen solchen Kampf auf Leben und Tod zwischen zwei Urwaldrecken kann man auch in unseren Karpatenwäldern nicht häufig miterleben.

Der Außenseiter

Der Trieb kam aus dem tiefen Wolfstal, der Valea Lupilor, überquerte einen zerklüfteten Steilhang mit engen Schluchten und einen Windbruch, in dem nur noch wenige zerzauste Wetterfichten standen.

Waldheger Bădilă, ein etwa vierzig Jahre alter ehemaliger Bergbauer mit blatternarbigem Gesicht und einem nervösen Zucken um die Mundwinkel, stand am Fuß des Steilhanges und lauschte. Eben hatte er die Rüden geschnallt, die lautgebend eine Fährte aufnahmen. Brave Kerls, meine Terrier, dachte er. Grob und stark gebaut, mit langen, festen Läufen. Waren sie einmal auf eine warme Fährte gestoßen, ließen sie nicht ab, bis sie das Wild zur Strecke gebracht hatten.

Schmunzelnd steckte er die Riemen ein und begann den Aufstieg. Bald traf er auf einen Hauptwechsel. Wie ein ausgetretener Menschenpfad. Muß der Wechsel des alten Schlagbären sein, dachte er, der den Bergbauern schon so manche Färse, viele Schafe, ja sogar Pferde gerissen und weggeschleppt hat.

Welche Wildnis ringsherum! Wo man hinsah, im Umkreis von einigen hundert Metern: Felsbrocken, Wasserrisse, vom Sturm gefällte Baumriesen, dazwischen ragten wolfsgraue Felsspitzen hervor.

„Das Reich und die Trutzburg der Karnivoren", murmelte Bădilă, „ein wahres Raubritternest!"

Nach einer halben Stunde blieb er stehen. Ein Wirbelsturm hatte da alles umgelegt. Die Fichtenstämme lagen entwurzelt oder wie Zündhölzer geknickt am Boden; ein undurchdringliches Gewirr von Baumstämmen, Felsbrocken, Brombeer- und Himbeergestrüpp, das jede Lücke ausfüllte.

Der Hauptwechsel ging quer durch diese trostlose Landschaft.

Bǎdilǎ wischte sich den Schweiß von der Stirn und suchte nach einem Weg, doch außer dem Wildwechsel, der mitten hindurch ging, gab es keine Möglichkeit weiterzukommen. „Na laß, alter Junge", murmelte er nervös. „Schwerer als das Kreuz, das du schon herumschleppst, wird es auch nicht sein."

Während er sich ausruhte, wanderten seine Gedanken um zwei Jahre zurück. Bǎdilǎ kam von einer Schwarzkitteljagd spät abends zurück. Seine Frau, fünfzehn Jahre jünger als er, war schlank wie eine Haselgerte, fast zu zierlich für eine Bäuerin. Dichtes schwarzes Haar umrahmte das Oval ihres Gesichts, große dunkle Augen blickten in den Tag. Sie erwartete ihn erst für den nächsten Tag zurück. Er fand die Tür zur Wohnung von innen versperrt, der Schlüssel steckte im Schloß, was seine Frau sonst nie tat. Es dauerte ziemlich lange, bis sie ihn einließ. Er wußte auch heute noch nicht, warum ihn auf einmal eine unerklärliche Unruhe packte. Als er ins Schlafzimmer trat, wehte ihm ein kühler Luftzug entgegen, er sah zum Fenster, es war nur angelehnt.

Anna rieb sich die Augen und fragte mit spröder Stimme, warum er schon so früh von der Jagd zurückgekehrt sei. Die ganze Nacht tat er trotz der Müdigkeit kein Auge zu. Der Wurm der Eifersucht bohrte in seinem Innern. Als er am folgenden Morgen die Stelle vor dem Fenster, das auf den Garten hinausging, in Augenschein nahm, hatte er die Gewißheit. Seine Frau betrog ihn mit einem anderen, nach kaum drei Jahren – wie er meinte – glücklicher Ehe.

Von diesem Augenblick an war es mit der häuslichen Ruhe, der Gemütlichkeit, nach der er sich immer gesehnt hatte, aus. Ja, wenn er ihr eine Tracht Prügel gegeben hätte, wie es andere taten, hätte er ihr vielleicht auch verzeihen können. So aber konnte er ihr nicht mehr in die Augen sehen. Anna fühlte, daß er sie durchschaut hatte. Sie, die sich bisher kaum um die Wirtschaft gekümmert, sich mehr für neue Kleider und Putz interessiert hatte, betreute nun die Kuh und die Schweine, arbeitete im Haushalt, während er immer öfter im Wirtshaus saß, trank und so erfuhr, was schon das ganze Dorf wußte, nämlich, daß seine Frau ein Liebesverhältnis mit dem jungen Buchhalter des Forstamtes hatte.

Bădilă nahm den grünen Hut vom Kopfe und wischte sich den Schweiß. Er fröstelte. Es wird Zeit, weiterzugehen, sonst hole ich mir noch eine Erkältung, dachte er. Aber die Gedanken ließen sich nicht verscheuchen. Sie kamen wieder, krallten sich im Hirn fest. Schon wie viele Male hatte er alles durchdacht? Um einen Ausweg zu finden. Einen Ausweg? Gab es überhaupt einen?

Zwei Wochen beobachtete er sie, spürte ihr nach. Am dritten Sonnabend mußte er zur Jagd. Als er wieder, diesmal absichtlich, früher zurückkam, fand er sie nicht zu Hause. Da packte er ihre Sachen zusammen, stellte sie in den Hausflur und wartete. Als sie um Mitternacht erschien und ihre Siebensachen im Hausflur sah, ging sie wieder fort.

Am nächsten Tag kam sie mit ihrer streitsüchtigen Mutter, um ihren Anteil zu fordern. Als die beiden aber frech wurden und alles wegschleppen wollten, warf er sie hinaus und reichte die Scheidung ein.

Dann folgte der Prozeß des Buchhalters Vintilă, ihres Geliebten. Die Leute glaubten, daß er ihn angezeigt hatte. Der Buchhalter hatte Holzbons gefälscht und den Staat um über fünfzigtausend Lei geschädigt. Nein, Bădilă hatte nur seine Pflicht als Waldheger getan. Vielleicht hätte er die Holzfuhren der Leute nicht so aufmerksam kontrolliert – das ist wahr –, wenn die Bons nicht von Vintilă ausgefertigt und unterschrieben worden wären.

Nun saß der Liebhaber im Gefängnis. Und seine Anna ging,

von allen verachtet, mit gesenktem Haupt durch die Gemeinde. Abends, wenn es dunkelte, sah er sie wie ein gehetztes Tier um sein Anwesen schleichen. „Tja, es ist ein Kreuz", murmelte er. Zehn Jahre hatte Vintilă bekommen.

War nicht auch Anna mit daran schuld, daß der junge Buchhalter sich am Staatseigentum vergriffen hatte? Nein, im Prozeß wurde davon gesprochen, daß sie unschuldig sei und nichts davon gewußt habe.

Warum hatte sie ihm diese Schmach, diese Schande angetan? Mit einem Ruck erhob er sich, nahm den Rucksack, das Gewehr und brummte: „Kommt Zeit, kommt Rat!"

Er turnte über gestürzte Baumstämme, kroch unten durch, kam in ein unterirdisches Labyrinth. „Zum Teufel", schimpfte er, „da kommt man überhaupt nicht heraus!" Als er sich jedoch besser umsah und weiterkroch, pfiff er erstaunt. Da schau einer, die Sommerresidenz des Schlagbären! Alle Achtung, dachte Bădilă, geschickt gemacht. In der Wurzelgrube einer gestürzten Fichte hatte sich Meister Braun häuslich niedergelassen. Mit Fichtenreisig und Farnkrautwedeln ausgepolstert, das Schlafgemach, darüber ein Dach von vier, fünf Baumstämmen, wie sie der Wirbelsturm umgelegt hatte. Aus dem Vorzimmer drei Ausgänge in verschiedene Richtungen, falls Gefahr drohen sollte.

Vom Bergrücken drang das Gebell der Rüden an sein Ohr. Bădilă fühlte, wie in ihm die Jagdlust erwachte. Sie werden auf eine warme Fährte gestoßen sein, dachte er. Nun ging es schon besser über die fast unüberwindlichen Hindernisse. In Gedanken war er bei seinen Terriern, die den Karnivoren oder vielleicht einen Bassen mit weithin schallendem Geläut jagten. Wenn sie ihn nur gestellt hätten, dann kämen sie nicht mehr von seinen Fersen ab. Die Hatz ging der rechten Flanke zu. Auch nicht schlecht, dachte Bădilă, dort steht der alte Förster, ein sicherer Schütze.

Zum rechten Rand des Windbruchs hin, dort wo der Hochwald im spitzen Winkel vom Wirbelsturm verschont geblieben war, wollte Badila den Hang überqueren. Von dort ging es leichter durch den Fichtenforst bis hinunter ins Crainic-Tal, dann den nächsten Hang hinauf zu den Schützen.

Förster Negrea stand, von Jungfichten gedeckt, an der rechten Flanke. Aufmerksam suchte er mit seinem Feldstecher den gegenüberliegenden Hang ab. Hin und wieder senkte er das Zeissglas, um die Augen ausruhen zu lassen. Negrea war nicht mehr der Jüngste. Die hagere Gestalt war schon etwas gebeugt, aber noch voller Vitalität. Aus dem langen Gesicht blickten zwei muntere Schlitzaugen, mit denen er eben in die Morgensonne blinzelte. Die Hakennase gab seinem Gesicht den Ausdruck eines Greifvogels. Er lauschte aufmerksam dem Gebell der beiden Hatzrüden.

Da, am gegenüberliegenden Bergrücken bewegte sich etwas Rotbraunes; bevor er noch den Feldstecher scharf einstellen konnte, war es wieder im Fichtendickicht verschwunden. Was mag es gewesen sein? Da war es schon wieder, etwas unterhalb: eins, zwei… ha, junge Bären! Nun sah er sie genau. Vorsichtig zog die Bärin aus dem Dickicht. Sie trieb die Jungen vor sich her. Ein mächtiges Tier, dachte der Förster. Dabei hatte er gar nicht gewußt, daß es eine Bärenfamilie im Revier gab.

Aber wo blieb der Hauptbär, der Karnivore, auf den sie jagten? Ob die Bärin mit den Jungen auch noch den Steilhang nehmen wird und auf dem Wechsel des Schlagbären zu den Jägern kommt? Vielleicht zieht sie unten den Gebirgsbach entlang, der Weg ist dort für die Bärenjungen leichter. Besser wäre es schon, dachte Negrea, denn mit der ist nicht gut Kirschen essen.

Vorsichtig pirschte der Förster den Hang hinab, um die Bärin besser beobachten zu können.

Tosend stürzte der Gebirgsbach über die Felsklippen im Tal.

Das Brausen des Wassers übertönte jedes andere Geräusch; da war nur auf die Augen Verlaß.

Negrea wartete eine halbe Stunde vergebens, von der Bärin war nichts zu sehen. Sie war also doch über den Bach herübergewechselt und näherte sich nun den Ständen der Jäger.

„Immer die alte Geschichte", murmelte er verstimmt, „einmal aufgescheucht, kommt das Bärenwild nicht so bald zur Ruhe. Was die Bärin nur auf dem Wechsel des Hauptbären sucht?" Er grübelte weiter. Wäre es nicht ratsam, die Jäger zu verständigen, daß eine führende Bärin im Trieb ist? Aber wie? Die Bärenfamilie ist rascher bei den Ständen, als er zurücklaufen könnte. Wenn nun aber einer der Jäger auf die Bärin oder auf einen der kleinen Racker schießt? Hm, um diese Zeit sind die Bärinnen sehr angriffslustig, weil ihr Muttergefühl noch stark entwickelt ist. Später, wenn die Jungen größer sind, wird es schwächer, bis es völlig verschwindet und die Bärin die Jungen verläßt.

Soll er in die Luft schießen, um die Jagdgenossen aufmerksam zu machen? Oder bringt er noch mehr Verwirrung in ihre Reihen?! Ich muß doch versuchen, die Jäger zu warnen, dachte Negrea und ging den Weg rasch zurück.

Wo nur der Karnivore stecken mochte? Vielleicht waren die beiden Rüden hinter ihm her, oder hatte er sich wieder, wie schon so oft, davongestohlen? Mißmutig schüttelte der Förster den Kopf.

Er mußte die Jäger warnen! Trug er doch die Verantwortung für den guten Ablauf der Jagd. Die Bärin durfte nicht erlegt werden. Aber in erster Linie bürgte er für das Leben der Jäger. Rascher, spornte er sich selber an.

In seinem Bärenrevier war noch keiner zu Schaden gekommen. Jetzt, wo er vor der Pensionierung stand, sollte man keine Gelegenheit haben, über ihn zu Gericht zu sitzen, daß er die Jagd nicht gut organisiert hatte. Aber konnte man alles voraussehen, konnte er für jeden, der an der Jagd teilnahm, ver-

antwortlich sein? Wer Jäger ist, stellt sich dem Wild allein,
der braucht keine Schützenhilfe. Der Mensch ist dem Wild
nicht nur dank seines Verstandes, seiner Erfahrungen überlegen, er hat auch bessere Waffen. Die Kugel ist schneller, töd-
licher als die Pranke des Bären oder das Gewaff des Bassen.
So überlegte Förster Negrea, während er besorgt immer rascher aufwärts schritt, als vor ihm auf einmal ein Schuß
krachte und ihn zusammenriß. Ein zweiter Schuß rollte ihm
entgegen und wurde vom gegenüberliegenden Hang zweifach
zurückgeworfen.

Die Bärin war nach rechts abgebogen und ging anscheinend
zurück. Vielleicht versucht sie an der Flanke durchzubrechen,
dachte Ingenieur Schmidt, ein erfahrener Jäger. Hoffentlich
kommen sie Dragomir nicht zu nahe.

Vor Jahren war er Zeuge gewesen, wie fünf Wölfe einem
etwa eineinhalb Jahre alten Petz den Garaus machten. Wie war
das nur? Schmidt versuchte, sich die Begebenheit in Erinne-
rung zu bringen...

Der erste Schnee lag über den Karpatenwäldern. Auf einer
Schwarzkitteljagd stießen sie auf die Fährte eines jungen
Bären. Aus Neugierde folgten sie der Fährte, um zu sehen,
was er um die Winterszeit in den Wäldern trieb. Doch bald ge-
sellten sich zu der Fährte des Bären die Fährten von fünf Wölfen. Nun kam zur Neugierde auch Mitleid mit dem jungen
Petz und die Jagdlust, mit dem Raubgesindel abzurechnen.
Die Saujagd war vergessen. Vielleicht gelang es, die Mord-
bande abzufangen, bevor sie ihr grausiges Werk vollbrachte.
Doch es kam anders. Schon nach einer Stunde war der
schweißgetränkte Kampfplatz gefunden. Meister Petz war
von den Wölfen eingeholt worden. Von seinen Verfolgern be-
drängt, hatte er sich bis zu einer Felswand zurückgezogen, um
sich den Rücken zu decken. Nach den Kampfspuren zu urteilen, hatte er sich mutig verteidigt, bis er der Übermacht erlegen war. Zurückblieben nur einige Hautfetzen und der blutige

Kopf. Wenn die Jäger zwei Stunden früher auf die Fährte gestoßen wären, hätten sie das Drama vielleicht verhüten und dem Bären das Leben retten können. Die Zahl der grauen Räuber ist in den letzten Jahren leider nicht gesunken, dachte Schmidt.

Da drang ein peitschender Knall vom Stand Dragomirs an sein Ohr. Ein zweiter Schuß folgte und ließ ihn zusammenfahren.

Dragomir, Meister im Elektrogeräte-Werk, war zum erstenmal auf einer Bärenjagd. Er wolle sich zu seinem dreißigsten Geburtstag selbst eine Bärendecke schenken, hatte er zu seinen Freunden in der Abteilung gesagt, als er beschloß, an der Bärenjagd teilzunehmen. Doch sie nahmen ihn nicht ernst, sie wußten, daß er immer die meisten Hasen, den stärksten Bock und die gröbste Wildsau erlegte. Im Alltag war er ein bescheidener, sachlicher Kollege, den alle gut leiden konnten. Nur wenn von der Jagd die Rede war, da ging die Leidenschaft mit ihm durch. Als ob er auf einem arabischen Vollbluthengst säße, so galoppierte er davon.

Ungeduldig trat er sich am Standort die Füße ab. Er wollte sich nicht unter die Fichte setzen, um die Expreßbüchse rascher an die Backe werfen zu können. Die zwei Stunden, seit der Trieb angefangen hatte, schienen ihm eine Ewigkeit. Er hatte schon an Drückjagden auf Schwarzkittel teilgenommen. Auch auf einer Sauhatz brachte er einen Bassen zur Strecke. Aber eine Jagd auf Bären blieb sein Wunschtraum. Sein ungestümes Temperament, die Aussicht, bald zu seinem ersten Bären zu gelangen, belasteten seine Nerven. Das Gebell der Rüden war im tiefen Tal längst wieder verklungen. Nun lauschte er gespannt, um beim leisesten Geräusch einer scharrenden Waldmaus seine Expreßbüchse fester zu packen.

Ein neuer Blick auf die Uhr zeigte, daß der Trieb schon über zwei Stunden dauerte. Wenn der Bär nur nicht aus dem Trieb ausgewechselt ist, weil die Rüden nicht mehr zu hören sind, dachte Dragomir.

Von neuem schätzte er die Entfernung bis zum Bürstendickicht der Jungfichten ab. Die abfallende Lehne war bis dorthin von rostbraunem Farnkraut und schütterem Buschwerk bestanden.

Na ja, dachte er unzufrieden, kein besonderes Schußfeld. Die besten Stände haben die Alten, und unsereiner muß sich hier zurechtfinden. Aber mit meinem Schießeisen kann ich doch nur bis auf hundert Schritt einen sicheren Schuß anbringen, lenkte er ein.

Die Jungen im Betrieb werden Augen machen, wenn ich morgen mit einem Bärenschinken angerückt komme. Über sein dunkles, jugendliches Gesicht huschte ein Lächeln.

Beim Baumstrunk, dort am Rande des kleinen Grabens, ist ein aussichtsreicherer Platz. Daß er nicht schon früher daran gedacht hat!

Leises Jagen der Rüden drang an sein Ohr, es kam von der Talsohle herauf. Kaum war er am neuen Stand, teilte sich der dunkle Rand der Jungfichten, ein Bär brach heraus und verhoffte. Da flog die Expreßbüchse an die Wange, ein Knall, und der Bär brach zusammen, doch im selben Augenblick war er wieder auf den Läufen. Dragomir zielte noch einmal aufs Blatt und drückte ab. Er hörte, den Kugelschlag. Ein dumpfer Paukenschlag hallte an sein Ohr. Es war, als ob ein elektrischer Funke vom Jäger zum Opfer und zurückgesprungen wäre. Er wußte, er fühlte es, der Schuß saß tödlich. Warum, das konnte er nicht sagen. Nicht, weil er sicher war, daß er gut gezielt hatte, nein, es war, als ob er fühlte, wie das Leben aus dem Raubwild schwand.

Dragomir lud die Büchse von neuem und wollte schnell näher gehen, um, wenn nötig, noch einen Fangschuß anzubringen. Doch die Bewegung erstarrte, entgeistert blickte er zum Bären. Aus dem Fichtendickicht trollten zwei Jungbären heraus, sahen sich nach der Bärin um. Als sie ihre Mutter liegen sahen, wollten sie ihr aufhelfen, ihr Brummen und Winseln ging Dragomir wie eine Messerklinge ins Herz.

Das Gebell der Rüden kam näher, die jungen Bären sicherten, äugten noch einmal zur dunklen regungslosen Masse, es war, als ob sie die Mutter mitlocken wollten, kamen noch einmal zurück, zogen und schoben an ihr, doch als sie sich nicht mehr bewegte, verschwanden sie im Jungfichtenbestand.

Dragomir stand wie betäubt auf dem Fleck, die Freude, die Jagdlust waren weg. Er fühlte sich müde und wie zerschlagen, als ob er eine Tracht Prügel bekommen hätte. Wie konnte ihm das nur passieren! Sein Temperament war wieder einmal mit ihm durchgegangen. Hätte er nur zwei Sekunden gewartet, würde er die jungen Bären gesehen haben... Was würden der Förster, die Jagdgenossen sagen?

Der Wind war den Jägern günstig. Er wehte von der Talsohle zum Bergrücken hinauf. Unbeweglich, gespannt erwarteten sie den Hauptbären.

Andrei stand am Hauptwechsel des Bären. Etwa hundert Schritt weiter oben riegelte Major Steskal den Nebenwechsel ab. Rechts vom Hauptwechsel, am Rande der Jungfichten, hatte Ingenieur Schmidt seinen Stand. Weiter, der rechten Flanke zu, stand Meister Dragomir. Der Förster hatte ihm absichtlich den Stand zwischen ihm selbst und Schmidt zugewiesen, weil er noch an keiner Bärenjagd teilgenommen hatte.

Ingenieur Schmidt, vom Aufstieg und dem fast zweistündigen Anstand ermüdet, setzte sich auf einen Felsbrocken und döste in der warmen Spätherbstsonne. Leises Rascheln der trockenen Farnkrautwedel drang an sein waches Ohr. Als er in die Richtung des Geräusches blickte, sah er einen Bären am Rande der Jungfichten. Langsam, ohne ihn aus den Augen zu lassen, erhob er sich und schob die Sicherung nach vorne. Da sprangen auch die beiden Jungen vor die Bärin. „Verflixt noch mal", entfuhr es seinen Lippen. „Eine Bärin mit zwei Jungen im Trieb. Die hat uns gerade noch gefehlt!"

Inzwischen waren sie auf etwa zwanzig Schritt herangetrollt. Schmidt machte eine Bewegung mit seinem Hut, als ob er die dreiköpfige Familie begrüßen wollte. Die Bärin erstarrte, brummte die Jungen an, die schon den Warnruf der Mutter kannten. Sie sprangen rasch hinter ihren Rücken, die Bärin äugte noch immer mißtrauisch zu Schmidt, der erstaunt über das mächtige Tier einen Pfiff ausstieß. Schade, dachte er, daß es eine Bärin ist, würde mir eine Goldmedaille einbringen. Die Decke war auch schon um diese Zeit gut. Aber was geschieht mit den Jungen, wenn sie die Beschützerin verlieren? Einen schweren langen Winter werden sie kaum allein überstehen, auch wenn sie in ihre Kinderstube zurückkehren.

Wie viele Gefahren lauern bis dahin auf die mutwilligen einjährigen Petze?! Ihre größten Feinde werden die blutgierigen grauen Räuber sein, dachte Schmidt.

„Verdammt noch mal!" murmelte Dragomir. Dann nahm er eine Flasche mit doppeltgebranntem Pali aus dem Rucksack und machte einen tüchtigen Schluck.

Dragomir zuckte zusammen, hinter seinem Rücken raschelte das Farnkraut. Er drehte langsam den Kopf nach links. Schmidt kam raschen Schritts heran.

„He, auf was hast du geschossen?!" rief er mit seiner tiefen Baßstimme. „Hast doch nicht zweimal danebengeschossen? Was hast du erlegt?"

„Den Teufel", brummte Dragomir. „Da, nimm!" Er reichte Schmidt die Flasche.

„Brrr, der hat's in sich, das reine Feuerwasser."

„Schau, dort neben den Jungfichten liegt sie…"

„Du hast doch nicht…"

„Hab ich, hab ich… der Teufel hat mich geritten, wenn ich nur eine, zwei Sekunden gewartet hätte! Aber ich fürchtete, daß sie wieder zurück ins Dickicht wechselt."

„Na", Schmidt kratzte sich hinter dem linken Ohr, „eine schöne Bescherung, bin neugierig, was der Förster sagen wird. Dort ist er ja schon!"

„Gib her!" Dragomir streckte die Hand nach dem Pali aus und erhob sich, genehmigte sich noch einen und ging mit Schmidt auf den Förster zu, der, über die schwarzbraune Masse gebeugt, die Ein- und Ausschüsse untersuchte. Dragomir tappte hinter Schmidt her, als ob er sich hinter dem breiten Rücken des Ingenieurs verstecken wollte.

„Nicht schlecht getroffen", begutachtete der Förster die Einschüsse, „eigentlich jeder Schuß tödlich."

„Hätte lieber danebengehen sollen", sagte Dragomir kleinlaut und blickte scheu, noch immer hinter Schmidt stehend, zur verendeten Bärin.

„Ein stattliches Biest, unser Schlagbär", sagte der Förster und schaute zu Dragomir. „Weidmannsheil!" Er ging mit ausgestreckter Hand auf Dragomir zu, der verzagt zurückwich.

„Das ist ja gar nicht der Karnivore, sondern eine Bärin, die ich aus Versehen erlegt habe."

„Wieso eine Bärin?" brummte der Förster, „bin doch nicht blöde, einen Bären für eine Bärin zu halten. Eine Bärin war im Trieb, aber du hast nicht die Bärin, sondern den alten Schlagbären erlegt." Dabei schritt er wieder auf den Bären zu und hob einen Hinterlauf hoch. „Da, guck mal her, ist es der Bär oder seine Gevatterin?"

„Ja… nein… ja… Donnerwetter, ich habe ja gleich gemerkt, daß es der Alte, der Hauptbär, ist. Aber warum gingen die beiden Jungbären mit ihm?"

„Wie, was… die beiden Jungen waren mit dabei, als du ihn erlegt hast?" Nun stotterte der Förster.

„Nicht im selben Moment, aber gleich nach ihm kamen sie aus dem Dickicht heraus."

„Hm, sonderbar! Ein ganz außergewöhnlicher Fall. Und das bei dem blutgierigen Raubritter. Wer hätte das gedacht!"

Inzwischen waren die Jäger und auch der Waldheger Bădilă, von den Schüssen angelockt, herbeigekommen. Sie umstanden das mächtige Raubwild und lauschten den Worten des Försters.

„Was ist da so sonderbar?" unterbrach Major Steskal, der als letzter angelangt war, den Förster.

„Ein seltener Fall in der Lebensweise der Bären, daß ein Bär zwei Bärenjungen adoptiert hat."

„Also ein neuer Beitrag zur Psychologie unseres Meisters Petz", sagte ungläubig lächelnd Ingenieur Schmidt.

„Ja, so ist es, man wußte bisher nur, daß sich der Bär nach der Bärzeit nicht mehr um seine Gefährtin kümmert, aber auch sie will nach den Flitterwochen nichts mehr von dem brummigen Einsiedler wissen. Sie bringt die Jungen allein zur Welt und zieht sie auch allein auf, bis sie ein Jahr, eineinhalb, manchmal auch zwei Jahre alt sind."

„Dann laßt uns auf das Wohl unseres glücklichen Schützen trinken", sagte Schmidt und nahm eine Flasche Zwetschgenschnaps aus dem Rucksack.

„Zum Wohle!" Negrea nahm die Flasche, die man ihm reichte. Dann sagte er mit Bedauern:

„Der Alte hätte es verdient, geschont zu werden, nicht nur, damit er die Jungen über den Winter hinwegbringt, sondern auch, weil er unter seinen Artgenossen ein Außenseiter war. Prosit!"

Der Prankenschlag

Satte Herbstruhe lag über dem Bergland. Die Sonne übergoß die Ausläufer der Westkarpaten mit wohltuender Wärme.

Zufrieden mit der reichen Obsternte, brachten die Bergbauern eifrig Äpfel und Birnen ein. Die Natur war so freigebig, daß an manchen Stellen die Haufen der Früchte höher waren als die Bauernkaten daneben. Der köstliche Geruch der reifen Jonathan-, Goldrenetten- und Lederäpfel lockte nicht nur die Menschen, sondern auch Scharen von Vögeln an.

Ein junger Jäger kam aus dem nahen Dorfe, um Schädlinge zu schießen. Die Flinte mit Vogeldunst geladen, ging er durch die Gärten, den Blick auf die äpfelbeladenen Baumkronen gerichtet.

Auf einmal hörte er statt des Lachens der Mädchen und Frauen gellende Angstschreie: „Der Bär! Da läuft er, der Bär!" Ehe er richtig überlegen konnte, was da eigentlich los war, sah er schon Meister Petz vom Walde her über den Gartenzaun springen.

Auch hier am Rande des Karpatenwalls kam es nicht jeden Tag vor, daß sich der vorsichtige und schlaue Meister Petz bei hellem Sonnenschein unter die Menschen wagte.

Seiner Kraft bewußt, kam er, ohne Wind zu nehmen, auf den nächsten Apfelbaum zu.

Hatte der Jäger vergessen, daß er Vogeldunst geladen hatte, oder wollte er den Bären nur erschrecken?

Oft wird es uns erst nach einem Unglück bewußt, daß wir in der Eile eben das getan haben, was wir hätten lassen sollen. So erging es auch dem Jäger. In seiner Erregung schoß er aus etwa zwanzig Schritt Entfernung auf den Bären, der sich gemächlich ohne feindliche Absichten näherte. Der Bär machte eine Bewegung, als ob er eine Wespe verscheuchen wollte, dann erhob er sich, brummte böse und nahm den Jäger an. Der junge Mann nahm Reißaus, doch er kam nicht weit. Nach einigen Sätzen holte Meister Petz ihn ein, und mit einem gewaltigen Schlag der mächtigen Pranke schlug er ihn nieder.

Wie vom Blitz gefällt, lag der Jäger hingestreckt, ohne Bewegung, ohne einen Laut von sich zu geben, mehr tot als lebendig, neben dem Bären. Jetzt tat der Jäger, was er hätte tun sollen, bevor er auf den Bären mit Vogeldunst schoß – das heißt, er verhielt sich schön ruhig. Er konnte gar nicht anders, wie sollte er auch das wild gewordene Raubwild abwehren? Das Jagdgewehr flog, als ihn der Prankenschlag traf, drei, vier Meter weiter. Und was ist ein Jäger ohne Gewehr?! Der Muskelklumpen von fünf, sechs Zentnern beugte sich über den auf dem Bauche liegenden Mann. Das böse Aufbrüllen des Bären, als er ihn annahm, klang dem jungen Jäger noch in den Ohren. Nun hörte er den kurzen Atem neben sich, der Raubwildgeruch kroch ihm in die Nase. Kalte Schauer liefen ihm über den Rücken. Was hatte der Bär im Sinn? Dem Jäger schienen die Sekunden, die der Bär böse brummend neben ihm verbrachte, eine Ewigkeit. Alles krampfte sich in seinem Innern zusammen. Es wurde ihm übel, und er kämpfte gegen die Ohnmacht an, die ihn zu umnachten drohte.

Wird er mir das Genick durchbeißen oder mit einem Prankenschlag die Schlagader zerfetzen? Hatte er doch im Sommer gesehen, wie es die Schlagbären mit den Kühen auf der Alm gemacht hatten.

Der Bär war ein alter Schlaumeier, der sich nicht scheute, am hellen Tage, während die Obsternte in vollem Gange war, unter die Menschen zu kommen. Er hatte bestimmt seine Erfahrungen mit dem Erzfeind aller Tiere des Waldes. Er wußte und hatte es schon mehrmals erprobt, daß ihm keine Gefahr drohte. Wenn er unter die Menschen kam, liefen doch alle mit

Geschrei auf und davon. Diese Zweibeiner hier waren ihm nicht gefährlich. Aber jene, die ihn in den uralten Fichtenwäldern, in dem unwegsamen Felsgewirr aufsuchten, mit denen war nicht gut Kirschen essen. Daß es nun anders kam, das machte ihn böse.

Unter den Bergbauern ist die Meinung verbreitet, daß der Bär einen Menschen, den er für tot hält, in Ruhe läßt. Das mag in den meisten Fällen auch stimmen. Doch unser Bär hielt sich, wie schon gesagt, nicht an die bekannten Regeln. Oder wußte er, daß er den Menschen vor sich mit dem Prankenschlag nicht getötet hatte und wollte sich nun an dem Jäger für alle seine Feinde rächen?!

Meister Petz setzte sich auf die Keulen, packte den Jäger am Gesäß, hob ihn hoch und warf ihn mit aller Wucht auf die Erde. Es war dem Bären nicht zu verübeln, daß er mit seinen langen, messerscharfen Krallen nicht nur den Hosenboden packte. Doch der Jäger biß die Zähne zusammen und gab keinen Laut von sich.

Meister Petz schien an dem Spiel Gefallen zu finden, denn er packte den Jäger von neuem, hob ihn noch höher und schlug ihn mit noch größerer Wucht auf den Boden. Das wiederholte er einige Male, bis er sich überzeugt hatte, daß der Feind ihm nicht mehr gefährlich werden konnte.

Da sich der Jäger nicht mehr bewegte, ließ er ihn liegen und entfernte sich brummend.

Nach dem Zwischenfall schien auch Meister Petz die Lust am Apfelpflücken verloren zu haben.

Als sich der Jäger von seinem Peiniger befreit sah, wollte er sich erheben und davonlaufen. Außer dem stechenden Schmerz, den die dolchartigen Krallen hinterlassen hatten, kreiste nur ein Gedanke in seinem Kopf, weg von hier, nur weg von dem geifernden Raubwild. „Ach, ach!" stöhnte der Jäger. Die Füße wollten nicht gehorchen.

Hatte der Bär das Gestöhn vernommen, die Bewegung

eräugt, oder wollte er sich vergewissern, daß er gute Arbeit getan hatte? Er blieb stehen und äugte zurück. Als er wahrnahm, daß sich sein Widerpart auf die Socken machen wollte, kehrte er zurück, um sein Werk zu beenden.

Einige beherzte Bergbauern, die aus der Entfernung dem Treiben des Bären zugesehen hatten, kamen nun mit Äxten, Heugabeln und viel Geschrei näher, um den Bären von seinem Opfer zu vertreiben. So viel Lärm verträgt Meister Petz nun wieder nicht. Er drehte ab und verschwand im Walde, aus dem er gekommen war.

Der Hauptbär

Von Reschitza über Karansebesch kommend, bogen zwei Jäger in einem Fiat 1300 links ab; mit hundert Sachen ging es das Bistra-Tal entlang. In leichten Kurven schlängelte sich das glatte Asphaltband im weißen Licht der Scheinwerfer bergan. Große Bauernhäuser reihten sich zu beiden Seiten der neuen Straße aneinander. Die hohen Steinfundamente, die gewölbten Toreinfahrten mit geschnitzten, farbenfrohen Hartholz- oder Schmiedeeisentoren zeugten davon, daß hier ein fleißiges, wohlhabendes Bauerngeschlecht zu Hause ist. Schon ihre Ahnen lebten hier als Freibauern mit verbrieftem Recht und der Verpflichtung, die Grenzen gegen die anstürmenden Feinde zu verteidigen.

Es war an einem kalten Spätherbstmorgen, als Dr. A., wir wollen ihn kurz Doktor nennen, der die Abschußbewilligung für einen Bären in der Tasche hatte, und der Vorsitzende des Jagdklubs an das Fenster des Wildhegers von Boutar klopften.

Schon nach kurzer Zeit strebten fünf Männer den steil aufragenden Bergen zu. Am dunkelgrauen Himmel flimmerten noch die Sterne, als sie, die schäumende Bistra links lassend, den Aufstieg begannen. Ein kalter Wind wehte von Osten her. Von den Erlen fielen raschelnd die Blätter zu Boden. An der Spitze ging der Heger, ein mittelgroßer, sehniger Bergbauer. Die buschigen, über der Nasenwurzel zusammengewachsenen Augenbrauen gaben dem Gesicht einen finsteren Ausdruck. Die beiden einheimischen Jäger waren von hohem Wuchs und gingen wie die meisten Bergbewohner etwas nach vorn gebeugt. Ilie, der Jüngere, hatte einen offenen, lächelnden Blick. Die blauen Augen waren von roten Äderchen durchzogen. Auch die Gesichtsfarbe zeigte ein frisches Rot, als ob er erst gestern ein Sonnenbad genommen hätte. Die Glut der Siemens-Martin-Öfen hatte dem Vorschmelzer etwas von ihrem Feuer abgegeben.

Neben ihm ging der Blechwalzer Petre, ein Vierziger, hager – man könnte fast sagen, klapperdürr.

Einige Schritte weiter kam der Vorsitzende, von Beruf Tischler, eine mittlere, stämmige Gestalt, mit energischen Gesichtszügen und dem Ansatz zu einem Bäuchlein, wie er es mit einem Anflug von Humor nannte. „Von den vielen Sitzungen", pflegte er dann hinzuzufügen. „Aber ich werde den Schmersack bald ablegen." Von seinen Jagdgenossen in die Enge getrieben, brummte er dann: „Ihr werdet sehen, so wie ich mit den Raubschützen aufgeräumt habe, so werde ich auch meinen eigenen Speck bekämpfen!" Nur ging es bei seinen fünfzig Jahren mit der Speckbekämpfung bergauf, das heißt, der Bauch wurde immer größer, und mit den Raubschützen ging es auch nicht besser.

Zu seiner Rechten schritt der Doktor, einige Jahre jünger, schaffte jedoch den Anstieg schwerer als der Vorsitzende. Man sah es ihm an, daß er im Leben weniger Hürden zu nehmen hatte.

Während des Steigens wurde nur wenig gesprochen. Im Osten hellte sich das Blaugrau der Nacht auf. Zuerst erschien ein roter Streifen über dem Gipfel des Ţarcu, er wurde breiter, zerfloß in Orange. Der Wind rauschte stärker, es war, als ob er von den Lichtwellen des neuen Tages angefacht würde.

Auf einer Almwiese blieb der Heger stehen, um den Jägern den ersten Trieb zu erklären. Vom Rande des Buchenwaldes sah man das Bistra-Tal, links gegenüber den Gipfel des Pades, näher das Ruska-Tal mit den berühmten Marmorbrüchen von Ruskitza. Unterhalb der Jäger, zum Greifen nahe, lag Poiana Mărului, über ihnen, im Osten, der Ţarcu. Am Horizont die weiße Silhouette des Retezat im ersten Schnee.

„Ihr stellt euch oben auf dem Bergrücken auf", wandte sich
der Heger an die beiden Reschitzaer. „Zeige ihnen die Wechsel", fuhr er, zu Ilie gewandt, fort. „Du stellst dich an die
rechte Flanke. Petre mit dem Hund kommt mit zum Trieban-
fang."

Petre war von dem Vorschlag des Hegers gar nicht begeistert, denn er mußte in eine tiefe Schlucht hinabsteigen und
auf der anderen Seite, im Trieb, wieder hinaufklettern;
während die Jäger auf einem ausgetretenen Fußpfad nur einige hundert Schritte bis auf den Bergrücken hatten.

Dem Vorsitzenden tat der Jäger leid, Petre war so lang und
dünn, daß man, wenn er mit den schlenkernden Armen daher-
kam, den Eindruck hatte, das Klappern der Knochen zu hören.
Doch war er zäh wie der Federstahl, den er wie kein anderer
zu walzen verstand.

Der Vorsitzende sagte zum Heger: „Wie wäre es, wenn du
den Rüden nehmen würdest und Petre mit uns ginge. So könnten wir auch die linke Seite des Hanges abriegeln."

„Da oben sind drei Gewehre zu viel", sagte der Heger mürrisch, weil sich der andere einmischte, „während für den Trieb
auch zehn Treiber noch zu wenig sind!"

„Ich komm ja schon!" Petre blickte dabei zum Vorsitzenden, als ob er sagen wollte: Da kann man nichts machen! Er
ging mit seinem Rüden, der auch nicht besser aussah als sein
Herr, dem Heger nach.

„Den besten Platz", sagte Ilie, „lassen wir für Sie, Herr Doktor", dabei zeigte er ihm eine Stelle neben einer Buche. Einige
Schritte weiter zog der Wildwechsel vorbei. Der Doktor
wollte wissen, von wo der Bär kommen wird, wo sich die Jäger nach dem Trieb treffen. Ilie gab ihm die nötigen Erläute-
rungen. Als er sah, wie sich der Doktor nervös im Kreise her-
umdrehte, schon zum drittenmal die Frage stellte, von wo der
Bär kommen werde, blinzelte er dem Vorsitzenden zu und
sagte: „Da, auf diesem Wildwechsel kommt der Bär bestimmt,

aber lassen Sie ihn nicht zu nahe kommen, Herr Doktor, man sagt, der Hauptbär hat eine Vorliebe für Ärzte, besonders auf Chirurgen ist er scharf!"

Der Doktor blieb stehen und sah Ilie nach, über sein vom Schweiß glänzendes Gesicht huschte ein Lächeln, dann rief er: „Bin derselben Meinung, ich glaube schon, daß er einen ausgedörrten Stahlschmelzer nicht mag!"

„Da sind wir ja, hier ist Ihr Stand!" Mit diesen Worten zeigte Ilie dem Vorsitzenden eine Stelle neben einem dichten Haselgebüsch. „Ich gehe hundert Schritt weiter, dort neben den drei Buchen werde ich stehen; schießen Sie nicht in diese Richtung!"

„Nur keine Angst! Ich habe schon von Jägern gehört, die auf einer Bärenjagd überhaupt nicht schießen." Dabei versuchte der Vorsitzende ein ernstes Gesicht zu machen.

„Warum schießen sie denn nicht?" Ilie blieb stehen und sah fragend zurück.

„Damit sie der Bär nicht sieht und nicht hört."

„Ha, ha, das ist gut! Soll aber nur für die ‚Hasenspezialisten' von der Heide gültig sein."

„Na, wir werden ja sehen, wenn Meister Braun erscheint", sagte der Vorsitzende, während er seinen Stand begutachtete. Hm, das Haselgebüsch ist gut, nur zu nahe am Wildwechsel, ein gesunder Baum ist besser, dabei ging er einige Schritte bergan zu einer Buche, wo er sich zwischen zwei dicke Wurzeln setzte. Bis der Heger mit dem Rüden kam, hatte er noch eine Stunde Zeit. Er lud das Gewehr mit zwei Brenneke-Patronen und stellte es an den Baum, nahm aus dem Rucksack eine Flasche selbstgekelterten Brombeerwein, hielt ihn gegen die Sonne und ließ die Flasche glucksen. Den Rücken an den Baum gelehnt, die Doppelflinte auf den Knien, blickte er in die Schlucht hinunter. Der Wind hatte nachgelassen. Tiefe Stille lag über den Bergen, nur hin und wieder vom leichten Rascheln der fallenden Buchenblätter unterbrochen. Ein leiser

Pfiff. Hoch oben im durchsichtigen Blau des Spätherbsthimmels zogen zwei Bussarde ihre Kreise und ließen ihre dünnen Jagdpfiffe ertönen.

Der Vorsitzende liebte die Jagd; sie gab ihm Gelegenheit, hinaus in die Wälder, in die Berge zu gehen, deren stille Schönheit ihm neue Kräfte verlieh. Dann die Menschen der Bergdörfer, der Ebene, so verschieden sie in ihren Charakterzügen auch waren, so ähnelten sie einander doch alle in ihrem Streben nach einem besseren Leben.

Die Gedanken wanderten zurück. Ja, wie viele Jahre waren inzwischen vergangen – zwanzig... dreiundzwanzig? – seit er in einer Winternacht auf der Straße dort unten im Bistra-Tal fuhr. Es war ein trockener, kalter Winter, einige Tage vor Weihnachten. Drei Jahre nach dem Kriegsende, die Zeiten waren schwer, die zerstörte Wirtschaft mußte wiederaufgebaut, die Kriegsschulden mußten bezahlt werden, dann kam noch die Dürre... Die Erinnerungen übermannten ihn. In einer finsteren Nacht, der Mond war noch nicht aufgegangen, vom dunklen Himmel blinkte nur hin und wieder ein Stern, kam er von einer Dienstreise zurück Er saß neben dem Fahrer, die Doppelflinte neben sich. Vielleicht kam ein streunender Fuchs vor die Scheinwerfer, das Raubwild hatte sich während des Krieges vermehrt. Der Balg war um diese Zeit schon gut. Es kam auch vor, daß ein Wolfsrudel über die Straße wechselte.

Ja, dann dachte er... wie viele feindliche Heere waren seit den Römern, Tataren, Türken über diese Straße hinweggezogen. Sie alle benützten dieses Tor von der Banater Ebene über... Da geschah es! Im weißen Scheinwerferlicht erschien ein Bauer mit erhobenen Händen. Der Fahrer hatte kaum Zeit, auf das Bremspedal zu drücken. Wie sah er nur aus, der Arme?! Im Lichtkegel stand ein hoher, barhäuptiger, blutbespritzter Mensch. Ja, vielleicht sah er Ilie ähnlich.

„Hilfe!" rief er verzweifelt. „Helft mir, liebe Leute... man hat mich überfallen, ausgeraubt! Ja... jetzt, vor zehn Minuten.

Bitte nehmt mich bis zum nächsten Gendarmerieposten mit. Helft mir, daß ich mein Geld wiederbekomme!«

„Wer hat dich überfallen?" – „Wo ist es passiert?" – „Wie sah er aus?"

„Dort vorn bei der Kurve, es waren zwei, sie haben die Pferde angehalten und mein Geld gestohlen. Oh, ich Unglückseliger! Ich habe in Ferdinand drei große Schweine verkauft, das ganze Geld haben sie mir gestohlen."

So jammerte er in einem fort. Die Todesangst sah ihm noch immer aus den entsetzt tiefliegenden Augen. Die wirren Haare klebten blutig an der niederen Stirn.

„Komm schnell." Der Fahrer sprang aus dem Wagen und schob ihn auf den hinteren Sitz, dabei streifte er dem Bauern den Mantel ab, um zu sehen, ob er keine Waffe bei sich trug, konnte das Ganze doch Theater sein, um die beiden Insassen auszurauben.

„Fahren wir zur Kurve, vielleicht sind die Banditen noch dort, Sie haben ja ein Gewehr", fing er wieder an zu jammern.

„Wie viele waren es?" fragte der Fahrer.

„Zwei, glaube ich, zwei... oder drei; habe nur zwei gesehen", stotterte der Unglückliche. „Habe noch einen gehört. Nur seine Stimme, wie er Befehle gab."

„Waren sie bewaffnet?"

„Ich weiß nicht, der eine schlug mich mit einer Eisenstange, vielleicht war es ein Gewehrlauf. Er ist so groß wie ich, nein, etwas kleiner. Der, welcher die Pferde hielt, hatte etwas an einem Riemen unter dem rechten Arm. Konnte nicht richtig sehen. Schaut, dort vorne kommt der Wagen mit meiner Frau!" Der Fahrer bremste.

„Bitte, bitte fahren Sie weiter. Vielleicht können wir das Geld zurückholen! Drei große Schweine... das ganze Geld..."

Vom Pferdewagen sprang eine Frau herunter und kam zum Auto gelaufen.

„Nicht! Nicht anhalten, weiterfahren!" bat der Bauer. Die

Bäuerin war schon an der Wagentür. Das Haar hing ihr zerzaust vom Kopf, die Bluse war zerrissen. „O Herr", sagte sie. Da unterbrach sie der Bauer: „Laß uns, wir gehen das Geld zurückholen. Geh aus dem Weg!"

„Nein, Petre, nein, bleib um Gottes willen da, sie werden dich erschlagen. Bleib, laß die Herren allein fahren! Du hast nichts, keine Waffe! Oh, Mutter Gottes, warum hast du uns so bestraft?!"

„Fahr zu!" sagte ich. „Aber sei vorsichtig, mit unserem Jagdgewehr können wir nicht viel anfangen!" Während der Fahrer den Wagen langsam weiterfuhr, erzählte der Bauer, zuerst stockend, dann immer rascher, wie die Wegelagerer das Geld fanden.

„Meine Frau hatte das Geld im Busen versteckt. Wir hatten schon so was wie eine Vorahnung. Oh, oh, hätte ich doch auf meinen Nachbarn gehört, der mir abriet zu fahren! Als die Banditen den Wagen an der Kurve anhielten und mich herunterzerrten, schlugen sie gleich zu und schrien: ‚Gib das Geld her, du Gottverfluchter!' Ach, wie sie schimpften und fluchten. ‚Ich hab kein Geld', sagte ich. Da schlug der eine mir mit der Eisenstange auf den Kopf, ich fiel auf die Knie. Dann hörte ich eine Stimme, der muß ihr Anführer sein. ‚Dummkopf, brauchst ihn nicht zu erschlagen, er soll das Geld herausgeben!' – ‚Ich habe kein Geld!' schrie ich wieder. Da sagte die Stimme wieder: ‚Jetzt gib ihm eins, dem Hurensohn, dem Lügenbeutel. Hast du nicht am Morgen drei fette Schweine verkauft?' Ja, sie wußten genau, wieviele Schweine ich verkauft hatte. ‚Ich habe mit dem Geld meine Schulden bezahlt', schrie ich wieder, ‚erbarmt euch meiner!' – ‚Schlag ihn, schlag ihn, daß er krepiert, der Sohn einer Hündin!' schrie wieder die Stimme. Und der Bandit, er schlug mich auf den Rücken, auf den Kopf, o Gott! Meine Maria hielt es nicht mehr aus und rief: ‚Da ist das Geld, da habt ihr es, nur laßt mir meinen Mann, erschlagt ihn nicht!' Sie nahm das Geld aus dem Busen. Da sprang der Bandit auf den Wagen, riß Maria die Bluse herunter, um zu sehen, ob sie ihnen auch das ganze Geld gegeben hatte."

Der Mond war noch immer nicht aufgegangen. Nichts als dicke Finsternis, eine richtige Räubernacht, es mag ein Uhr gewesen sein.

„Dort sind sie! Sie haben wieder einen Wagen aufgehalten!" schrie der Bauer wie besessen, dabei beugte er sich nach vorn.

„Halte links, damit ich von rechts schießen kann!"

„Sie laufen, sie laufen den Berg hinauf ! Rascher fahren, rascher! Oh, mein Geld, mein gutes Geld!" schrie der Bauer.

„Schalt die Scheinwerfer aus, halt an!" sagte ich. Eine Maschinenpistole zerhackte die Nacht. Man sah den Feuerstoß. Die Kugeln summten und pfiffen über das Auto hinweg.

„Schießen, zurückschießen, dort laufen sie!" Er schoß, um den Bauern zu beruhigen, was nützte schon eine Vier-Millimeter-Schrotpatrone bei einer Entfernung von hundert Metern!

„Fahr zu, halt beim nächsten Gendarmerieposten", sagte ich zum Fahrer.

Der Vorsitzende fuhr sich mit der Hand über die Augen, als wollte er die Bilder der Vergangenheit wegwischen. Leise sagte er für sich: „Das hatte der Krieg aus den Menschen gemacht!"

Der Wald blieb still, nur die Bussarde kreisten noch immer im hellen Blau des Herbsttages. Blätter raschelten. Was war das? Die Doppelflinte schußbereit, blickte er in die Richtung, aus der das Geräusch kam. Zwischen den Weißbuchen, von den Stämmen verdeckt, kam es gelaufen. Leichte Tritte... ein Bock? Ach, der Rüde! Er kam, mit der Nase fast den Boden streifend, die Schlucht herauf. Nach einer Viertelstunde kam auch Petre mit dem Heger.

Im zweiten Trieb kam dem Vorsitzenden eine Geiß mit

ihrem Kitz vor den Lauf. Er blieb ruhig, um sie nicht zu erschrecken.

„Frische Fährten und Losung von Bären", berichtete Petre, als er zu den Jägern trat. „Die müssen in der Nähe sein, denn Fraß haben sie genug", fügte er noch hinzu.

Man beschloß, eine kurze Rast zu machen, um sich zu stärken, dann am Südwesthang noch zwei Triebe zu versuchen.

Am Waldrand, in der Nähe einer Sennhütte, wo es nach Schafen roch, machte der Heger ein Feuer, um den Speck, der auf dem Speisezettel eines Banater Jägers nie fehlen darf, zu braten. Der Vorsitzende nahm zwei Flaschen Brombeerwein aus dem Rucksack, schwer und süß duftend wie Malaga. Im Nu war der Ärger, noch keinen Schuß angebracht zu haben, verflogen. Ilie und Petre schmiedeten die kühnsten Pläne. Nur der Heger war ruhig, keine seelische Regung ließ sich auf seinem finsteren Gesicht feststellen. Er, der das Revier am besten kannte, über das Leben und Treiben der Bären Bescheid wußte, schwieg. Erst später, als er Speck mit Zwiebel am Spieß gebraten, die Flasche mit dem Brombeerwein zum zweitenmal gegen die Sonne gehalten hatte, sagte er: „Um diese Zeit ist es schwer, den Bären an einer bestimmten Stelle anzutreffen. Meister Braun wandert auf der Suche nach Fraß oft viele Kilometer weit. Wenn er hier auch einen reichen Tisch hat, genügt es, daß er ein einziges Mal gestört wird, um ihn aus dem Revier zu vertreiben. Seht, der Hauptbär war den ganzen Sommer hier, in der Nähe der Schafherden, die er um so manchen Widder verringert hat. Dort drüben im Kahlschlag fand er Himbeeren zum Nachtisch übergenug. Wo ist der Hauptbär jetzt? Ist er tiefer, nach Poiana Mărului, oder noch tiefer ins Tal, den Herden nachgezogen? Wer kann das wissen?"

„Wir haben doch Fährten und Losung gefunden!" erwiderte Petre und sah den Heger vorwurfsvoll an.

„Haben wir, aber nicht vom Hauptbären, sondern von einer

Bärin mit ihren beiden Jungen", sagte der Heger ruhig und kaute an der Speckschwarte. „Die wollen wir doch nicht schießen", fügte er nach einer Weile hinzu.

„Da hast du recht", bekräftigte der Vorsitzende. „Die Einjährigen würden über einen schweren Winter allein nicht hinwegkommen."

Der Südwesthang war sehr steil, von grauem Fels und dichtem Unterholz bedeckt. Nun hatten die Jäger den längeren Weg zurückzulegen, während der Heger mit Ilie und den Treibern den Hang überquerte.

Der Doktor war mürrisch. Zu seiner schlechten Stimmung hatte wohl der schwere Aufstieg am Vormittag beigetragen.

„Glaubst du nicht, daß der Heger mit der Kirche ums Dorf geht?" klagte er dem Vorsitzenden.

„Er wäre nicht der erste Heger, der sein Prachtexemplar lieber im Walde als in deinem Kabinett ausgestellt sieht."

„Wie, auch du sprichst so? Das ist doch… Er wollte schimpfen, dabei rutschte er aus und schlitterte auf dem Hintern den beiden nach. Der Vorsitzende hielt sich den Bauch und lachte.

„Schau, Doktor, ich will es dir sagen", dabei versuchte er ein ernstes Gesicht zu machen, „für den Heger ist es viel schwerer, seinem Schutzbefohlenen das Fell über die Ohren zu ziehen als dir."

„Meckere nur, du kannst noch lange warten, bis du mir wieder fünfhundert Lei für einen Bärenpelz abknöpfst, der noch im Wald herumläuft."

„Wenn wir so weitermachen", sagte Petre leise, „hört uns der Bär auf tausend Schritt", dabei wandte er sich dem Doktor zu. „Unserem Heger tun Sie Unrecht. Er gibt sich redlich Mühe; wenn wir nicht zu Schuß kommen, ist es nicht seine Schuld."

Buchen wechselten auf dem Hang mit uralten Fichten und mit dichtverwachsenem Unterholz. An einer Felskanzel blieb Petre stehen und zeigte dem Vorsitzenden seinen Stand.

„Wenn der Bär kommen sollte, so kann er nur von drüben, zwischen den zwei Buchen durch, dann unter den Felsblöcken herüberwechseln. Dort unten wird der Herr Doktor stehen, ich gehe noch hundert Schritt tiefer."

Die Sonne hatte schon den Zenit überschritten. Eine erfolgreiche Jagd kündigte sich heute morgen an, dachte der Vorsitzende, aber man kann nie wissen. Er lud gewissenhaft sein Gewehr, wählte den Standplatz, schätzte die Entfernung bis zu den beiden Buchen. „So zwanzig bis fünfundzwanzig Schritt", murmelte er. Er mochte eine Viertelstunde auf dem bemoosten Fels gesessen haben; die Sonne macht schläfrig, dachte er, oder ist es der süße Brombeerwein? Er hörte Blätter rascheln, blickte hinauf zu den Baumkronen, ein Blatt fiel, sich in einer Spirale drehend, lautlos zu Boden. Ein neues Geräusch, etwas lauter, kam aus der Richtung der beiden Buchen. Sollte es der Rüde sein? Sekunden der höchsten Spannung. Da, dunkelbraun, fast schwarz, kam es zwischen den hellen Bäumen hervor. Der Hauptbär, zuckte es im Gehirn und auch schon in den Fingern. Nur ruhig Blut, sagte er sich, genau zielen, du hast Zeit. Ist es aber auch der Hauptbär? fragte er sich. Von seinem Stand, von oben, sah er nicht so mächtig aus, wie ihn der Heger beschrieben hatte. Er kam auf allen vieren, gar nicht flüchtig, heran. Der Hauptbär muß es sein! Jetzt war er nur noch vierzig Schritt entfernt; der dunkle, glänzende Pelz, der mächtige Kopf. Er näherte sich dem Felsen unter ihm. Der Vorsitzende zielte, ging mit der Doppelflinte nach, krümmte den Finger, der Schuß rollte ins Tal. Noch ehe der Mann einen zweiten Schuß anbringen konnte, machte der Bär einen Sprung, brüllte auf und rutschte zu Tale. Der Schrei klang dem Vorsitzenden wie das Dampfhorn des Hüttenkombinats in seiner Heimatstadt, wenn es nachts die Arbeiter zum Schichtwechsel rief: tief, grollend, von ungebändigter Kraft. Doch was war das, warum blieb der Bär nicht im Feuer? Da peitschten noch zwei Schüsse herauf. Der Vorsitzende lief hinunter, wußte er doch, daß so ein Urwaldrecke auch todwund noch gefährlich sein kann. Der Doktor sparte nicht mit Munition, er lud das Gewehr, zielte und schoß noch einmal, zweimal, lud wieder... setzte an. Da rief der Vorsitzende, der gelaufen kam: „Warum schießt du noch, der ist ja schon lange verendet!"

„Was, er ist verendet? Bestimmt? Ich habe ihn erlegt! Hörst du? Mein erster Bär!" Er sprang wie verrückt im Kreise, umarmte ihn und Petre, der auch herangekommen war. Dann ging er vorsichtig zum Bären, bewegte den Kopf mit dem Flintenlauf, und als er sah, daß der Bär wirklich verendet war, kniete er nieder, nahm den mächtigen Kopf zwischen die Hände und küßte ihn auf den Fang, dann schaute er ihm lange in die erloschenen Seher.

Der Vorsitzende stand daneben und fühlte Trauer: Nun war der Hauptbär zur Strecke gebracht. Da lag er reglos auf dem Waldboden, der Schrecken der Hirten von Bouțar war tot. Gewiß, die Dorfbewohner werden uns mit Freude empfangen, uns feiern und uns danken, daß wir sie von der Geißel der Almwiesen befreit haben. Sie haben ja recht – dachte er. Aber der Hauptbär wird nicht mehr als Herrscher der Berge, sagenumwoben, durch die Wälder streifen. Es werden Jahre vergehen, bis ein anderer Riese seinen Platz einnimmt.

Ein wenig enttäuscht war der Vorsitzende des Jagdklubs auch darüber, daß der Kampf nur so kurz gewesen war. Daß sich der Hauptbär so rasch geschlagen gab und sich wie jedes andere Wild durch ein Stückchen Blei ins Jenseits befördern ließ. Er war über sich selbst erzürnt, daß er so schlecht gezielt und mit seinem Brenneke-Geschoß dem Bären die Wirbelsäule zertrümmert hatte.

Der Vorsitzende wollte jedoch kein Spielverderber sein. Er beglückwünschte den Doktor, lobte die sicheren Schüsse; dann nahm er einen Fichtenzweig, benetzte ihn mit dem hervorquellenden Schweiß des Bären und überreichte ihn, nach altem Jägerbrauch, dem Doktor auf dem grünen Hut.

Inzwischen waren auch der Heger und Ilie, von den Schüssen alarmiert, rasch herbeigekommen. Der Vorsitzende nahm die letzte Flasche vom rubinroten Brombeerwein und ließ sie, zum Wohle des erfolgreichen Schützen, in die Runde gehen. Auf den Gesichtern der Jäger lag ein zufriedenes Lächeln. Nur der Heger behielt den mürrischen, finsteren Ausdruck. Da traf ein Blick aus seinen schwarzen tiefliegenden Augen den des Vorsitzenden: Schmerz lag darin und Trauer über den Verlust des Hauptbären.

Der schwarze Reiter

Der Herbst war lang und warm, wie man ihn im Banat gewöhnt ist. Die Dörfer im Bistra-Tal dufteten nach Jonathan- und Renetteäpfeln. Da waren alle Sorten zu haben, von der Grauen bis zur Goldrenette. Reich war auch die Zwetschgenernte. Man brachte die Zwetschgen aus den Gärten in großen Bottichen gleich zum Kessel, in dem man den scharfen Schnaps brannte.

Das Jungvieh war von den Almwiesen schon zu Tale getrieben worden. Wieder hatten die Bergbauern dem „Schwarzen", wie sie den Schlagbären nannten, harten Tribut zahlen müssen. Ob die vielen Schafe und Rinder, um die die Dorfbewohner trauerten, alle dem „Schwarzen" zum Opfer fielen, von Wölfen zerrissen wurden oder sich verirrt und neue Besitzer gefunden hatten, konnte niemand feststellen. Die Bergbauern behaupteten: „Es war der Schwarze!" – „Der schwarze Teufel hat uns die schönsten Rinder und Hammel weggeschleppt!" schrien die einen, und: „Bis er nicht seine schwarze Räuberseele ausgehaucht hat, haben wir keine Ruhe!" jammerten die anderen.

An einem Spätherbstabend fanden sich drei Jäger bei Petre B., dem Heger, ein. Sie saßen mit dem Heger bei einem frischgebrannten Zwetschgenschnaps und besprachen die morgige Jagd. Das Gespräch wollte nicht recht in Fluß kommen. War es die Reise, die die Jäger ermüdet hatte, oder der wortkarge Hausherr, der sogar den Redefluß Munteanus, auch „Dicker" genannt, der wie die schäumende Bistra sprudelte, ins Stocken brachte, so daß er nach kurzer Zeit gänzlich versiegte?

Den zweiten Jäger, der am Tisch saß, wollen wir Präses nennen, weil er Vorsitzender des Jagdklubs in Reschitza war. Ein erfahrener Bärenjäger; von mittlerem Wuchs, mit offenem Blick, aus dem Mut und Unternehmungslust sprachen.

Er versuchte schon eine ganze Weile, mit dem Heger ins Gespräch zu kommen. Außer „Hm", „Na ja", „Es geht" war aus ihm nichts herauszubringen. Der Präses hatte dem Franzl-Bácsi, wie sie den dritten Jäger nannten, zu verstehen gegeben, daß er einen freundlicheren Gastgeber hätte suchen sollen. Franzl-Bácsi aber tat, als ob er die tadelnden Blicke seines Jagdgenossen nicht bemerkte. Ihm war es „wurscht", wie er zu sagen pflegte, wo er schlief. Ein Dach über dem Kopf, ein Bett ohne Flöhe, alles andere war ihm unwichtig. Nein, nicht alles! An jenem Abend fühlte sich der kleine, hagere Chef der Feuerwehr des Eisenhüttenwerkes aus Reschitza sogar sehr wohl. Er lobte in einem fort den „Frischgebrannten". Der listig blinzelnde Alte hatte eben seine eigene Meinung von den Menschen.

„Lob, wem Lob gebührt! Wer seinen Gästen einen solchen Schnaps kredenzt, muß geachtet werden. Der kann kein schlechter, kleinlicher Mensch sein", sagte der Chef der Feuerwehr, als sie für einen Augenblick allein blieben. „Daß der Stumme den Heger hat grüßen lassen, stimmt; so sind die Gebirgsbauern, nicht besonders redselig, aber grundehrlich. Und was die Hauptsache ist", unterstrich er, „sie können einen guten Zwetschgenschnaps brennen." Franzl-Bácsi hatte recht, die Zuika war ausgezeichnet, der Schafkäse, der Maisbrei und das Bett waren gut.

Am nächsten Morgen rasselte sie eine vorsintflutliche Weckeruhr wach. „Das Biest hat ja eine Tonne Alteisen dran", murmelte Munteanu schlaftrunken und wollte den Wecker zum Schweigen bringen. Damit fing ihr „Unglück" an, wie später Franzl-Bácsi erzählte.

Munteanu griff nach dem Wecker, dabei stieß er eine große

Kanne mit Wasser um, welche die vorsorgliche Hausfrau am Abend auf den Tisch gestellt hatte, um die Zuika zu löschen, wie sie sagte. Das Wasser rann und plätscherte in die Jagdstiefel, die neben dem Tische standen.

Die Jäger wollten sich möglichst lautlos auf die Socken machen, um die Sonntagsruhe der Hausbewohner nicht zu stören. Als sie jedoch nach zehn Minuten in den Hof traten, waren schon alle auf den Beinen. Draußen war es stockfinster, und ein feuchtkalter Wind wehte von den Bergen herab.

„Gut, daß ich meine Laterne mitgenommen habe", sagte Munteanu, um seine Jagdgenossen für die nassen Jagdstiefel zu entschädigen.

„Herzlich wenig für vier Mann", brummte der Präses.

„Da ist noch eine!" Franzl-Bácsi streckte ihm eine Langstablaterne hin.

„Schaut nur, schaut, der alte Fuchs hat sich da eine Vorrichtung für die Nachtjagd gebastelt. Na, ist das auch erlaubt?" spottete der Präses.

„Habe noch nicht gehört, daß der Nachtansitz auf Schwarzwild verboten ist", antwortete Franzl-Bácsi gelassen.

„Was macht denn der Präses, wenn die Bauern um Hilfe rufen, weil ihnen die Wildsauen die Mais- und Kartoffelfelder verwüsten?" unterstützte Munteanu Franzl-Bácsi.

Der Aufstieg, der nicht weit vom Dorfe beginnt, ist anfangs sehr steil. Als die Jäger in den Wald traten, fing es an zu regnen. Am Anfang war es ein feiner Sprühregen. Man hatte den Eindruck, daß es gar kein Regen sei, sondern eine Art Nebel, der sich naß auf die Haut setzte, in Augen, Ohren und Nase drang.

Die drei Jäger sagten kein Wort, während sie einer hinter dem andern bergauf schritten. In Gedanken jedoch fingen sie an zu hadern: Seit drei Wochen war kein Tropfen Wasser gefallen, und jetzt, wo sie gekommen waren, um mit dem „Schwarzen" abzurechnen, dieses Sauwetter!

Je höher sie stiegen, desto dichter fiel der Sprühregen.

„Machen wir halt!" unterbrach der Präses das Schweigen. „Ich will meinen Regenmantel aus dem Rucksack nehmen, bevor mich der Regen durchnäßt."

„Schau einer an", maulte Munteanu, „gestern hast du nichts von der Froschhaut sagen können?!"

. „Da, nimm!" lenkte Franzl-Bácsi ein, „meine Windjacke ist wasserdicht." Munteanu nahm den Regenmantel und hängte ihn der Länge nach über die Schultern.

„Zieh ihn in die Breite, vielleicht wird er größer", spottete der Präses. Munteanu war doppelt so breit und um zwei Köpfe größer als Franzl-Bácsi.

Schon über eine Stunde stiegen sie bergan, und im Osten war noch immer kein Lichtschimmer zu sehen. Der feine Sprühregen war inzwischen zu einem ununterbrochenen Dauerregen geworden. Die entlaubten Weiß- und Rotbuchen standen trostlos da, kein schützendes Dach war weit und breit zu finden.

„Wißt ihr, was ich eben feststelle?" unterbrach die Stimme des Präses die tropfende Stille. Ohne eine Antwort abzuwarten, sagte er mit verhaltener Ironie: „Die Regenmäntel sind da, um den Regen durchzulassen."

Der Heger hatte bisher kein Wort gesprochen. Er ging an der Spitze. Seinen Rüden an den Fersen, schritt er gleichmäßig, als ob es keinen Berg und keinen Regen gäbe.

„Wenn ihr wollt", klang seine heisere Stimme auf einmal von der Spitze her, „führe ich euch zu einer Sennhütte, die zehn Minuten von hier am Waldrand liegt. Dort können wir warten, bis der Regen aufhört und unsere Kleider trocknen."

„Was gibt es da zu überlegen", sagte der Präses rasch. „Führ uns auf dem kürzesten Weg zur Hütte." Er fühlte, wie ihm das kalte Wasser von seinem Jägerhut ins Genick, von dort die Wirbelsäule entlang rieselte. Heiß und kalt, für eine Nervenheilkur, dachte er grimmig.

Langsam wurde es Tag. Das Licht kam nicht mit dem Sonnenaufgang aus dem Osten, wo schwarze Wolken lagen, sondern von oben. Es war, als ob auf einmal der schwarze Vorhang weggezogen wurde und an seiner Stelle einer aus Nylon niederging. Die Bäume tauchten aus dem blaugrauen Licht auf, zuerst einer, zwei, die näher waren, dann wurden es mehrere; bis sie zur Hütte kamen, sah man schon fünfzig Schritt weit.

Die Sennhütte stand inmitten einer Fichtengruppe. Der Heger machte sich daran, mit dem feuchten Holz Feuer anzufachen. Bald prasselte das nasse Fichtenreisig, gab aber mehr Rauch als Wärme.

„Was tun wir nun?" fragte Munteanu und streckte seine Beine zum Feuer. Alle schwiegen. Der Präses drehte den Kopf zur Tür, wo der Heger stand. „Was meinst du?" fragte er ihn.

„Wie der Regen anfing, wird das Wetter andauern, aber genau kann man das nie wissen... dort drüben hellt es sich schon auf." Der Präses stand auf und ging zur Tür. Aus den Tälern stieg milchiger Nebel auf. Der Regen hatte etwas nachgelassen, dafür blies ein kalter Wind vom Tal herauf und trieb Nebelfetzen vor sich her.

„Ich werde euch sagen, was wir tun", sagte Munteanu, senkte den Kopf, daß sein Doppelkinn heraustrat, und sah mit den blauen Äuglein unter den Fettpolstern seine Jagdgenossen herausfordernd an. „Ich schlage vor, wir packen jetzt das Essen aus, stärken unsere durchnäßten Seelen und gehen nach Hause!"

„Das sieht dir ähnlich", brummte Franzl-Bácsi und zupfte verärgert an seinem Mongolenschnurrbart.

„Der Regen hat aufgehört", sagte der Präses von der Tür her.

„Wir werden einen Trieb bis zum Ochsengraben machen. Nur weiß ich nicht, ob wir Erfolg haben werden. Der Hund hat bei dem Regen keine Wittrung." Der Heger sagte es mit unbeteiligter Stimme.

„Gut, machen wir den Trieb!" entschied der Präses. Er schob sein Boxerkinn vor, als ob er sich selber Mut machen wollte. Der Heger erläuterte dem Präses, wo sich die Schützen aufstellen sollten, damit er mit dem Rüden auf den Trieb gehen konnte.

Die Jagdgötter schienen ihnen doch hold zu sein. Als sie aus der Hütte traten, tropfte das Naß nur noch von den Bäumen. „Der Wasserhahn ist zugedreht", sagte Franzl-Bácsi, blickte jedoch besorgt nach den Nebelschwaden, die aufwärts zogen.

Kaum waren sie auf dem Wege zu ihren Ständen, ging das Unwetter wieder los. Es ging jedoch nicht, wie am Morgen, leise mit einem Sprühregen an. Der Regen trommelte und prasselte. Das Wasser stürzte ihnen nicht nur auf dem Hohlweg entgegen, den sie aufwärts stiegen, sondern rann auch von ihren Regenmänteln in die Jagdstiefel, bis es wieder oben herauskam. Der Präses, der an der Spitze ging, beeilte sich, einen Fichtenwald zu erreichen. Erleichtert atmeten sie unter den uralten Fichten auf. Anfangs ging es besser. Es schien ihnen, daß nur ein Bruchteil des Wassers aus den Wolken auf ihren Buckel kam. Doch weit gefehlt! Die zottigen Fichtenzweige stauten eine Zeitlang das Wasser auf, bis sie sich bogen, dann brausten ganze Sturzbäche von kaltem Naß auf sie herunter, als ob die bärtigen Fichtengreise sie verspotten wollten, daß sie bei solchem Wetter jagen gingen.

Der Präses blieb stehen und betrachtete seine beiden Jagdgenossen. Mißmutig, tropfnaß stapften sie hinter ihm her.

„Glaube mir", brummte Munteanu, „ich habe keine trockene Stelle mehr am Leibe. Sogar unter den Achselhöhlen rinnt das Wasser."

„Mir rinnt es schon die ganze Zeit am Arsch herunter, was soll ich tun?" antwortete der Präses mürrisch. Nach einer Weile zeigte er mit der Hand nach rechts: „Such dir dort eine trockene Stelle, aber paß auf, daß dich nicht eine Bärin umarmt!"

„Die soll bleiben, wo sie steckt; ich glaube, auch das Pulver ist naß!" Munteanu humpelte zu einer großen Fichte.

Während sich die Jäger, vor dem Regen Schutz suchend, unter dickes Geäst oder in einen hohlen Baum verkrochen, ging der Heger mit seinem Rüden durch den Trieb. Vergebens versuchte er, den pudelnassen Rüden von seinen Fersen abzuschütteln. Der Hund äugte seinen Herrn aus seinen hellbraunen Augen schuldbewußt an, wedelte verlegen mit der Rute und hängte sich wieder an die Fersen seinen Herrn…

Unterdessen waren die Dorfbewohner von Bouțar aufgewacht. Die Jüngsten trieben das Vieh aus dem Dorf auf die Hutweide. Allen voran ging der Gemeindediener mit Zimbru, dem Gemeindestier.

Die Alten trafen Vorbereitungen, ins Kulturhaus zu gehen. Die Burschen und Mädchen steckten immer wieder die Nase zum Fenster hinaus, um zu sehen, ob die Sonne nicht doch durch das blaugraue Gewölk brach, damit sie am Nachmittag zum Tanz gehen konnten.

Während unsere Jäger den „Schwarzen" suchten und im Bergdorf das Leben seinen gewohnten Gang nahm, passierte jene Begebenheit, von der die Leute in Bouțar noch lange Zeit sprechen sollten.

Über der Hutweide lag leichter Nebel. Das Hornvieh weidete am Ende des Wiesenstreifens, in der Nähe des Waldes. Die Schafe waren am Dorfrand geblieben. Ganz oben, am Waldrand, stand der Zuchtstier der Gemeinde, ein Muskelklumpen von einer Tonne. Von Zeit zu Zeit hob Zimbru den breiten Kopf mit den spitzen, nach vorn gebogenen Hörnern, dabei blickte er mit den kleinen rotumränderten Augen sichernd über die Herde. Strotzende Kraft und gebändigte Wildheit gingen von Zimbru aus.

Schon zum dritten Male knackte es im nahen Unterholz. Doch Zimbru schenkte dem Geräusch keine Aufmerksamkeit. Stolz drehte er immer wieder den Kopf auf dem kurzen, dicken Hals seiner Herde zu. Da sprang ein schwarzer Schatten aus dem Walde, sauste durch die Luft, im nächsten Augenblick saß er Zimbru auf dem Rücken. Zwei mächtige Pranken schlugen die langen Krallen wie Dolche ins zuckende Fleisch. Der Stier war vom plötzlichen Angriff überrascht. Wie vom Blitz getroffen ging er in die Knie. Zimbru raffte sich jedoch schnell auf, schüttelte das mächtige Haupt und brüllte auf. Es war kein Schmerzensschrei. Es klang eher wie das tiefe Grollen eines nahenden Sturmes. Der Warnruf tat seine Wirkung. Gleichzeitig mit der aufgescheuchten Herde stürmte Zimbru los, mitten hindurch ging der Ritt des „Schwarzen". Ochsen und Kühe stoben mit erhobenem Schweif nach allen Seiten auseinander. Zimbrus Schrei, die Wittrung des Bären ließen die Herde in Todesangst aufbrüllen. Die Furcht trieb sie nicht wie sonst, wenn der Bär auf die Almwiesen kam, in die Abwehrstellung, die sogenannte Kreisburg. Diesmal liefen sie, wie es auch Zimbru tat, den kürzesten Weg zurück ins Dorf, um im sicheren Stall Schutz zu suchen.

Die nichtsahnenden Dorfbewohner gingen, da der Regen aufgehört hatte, ihrer sonntäglichen Tätigkeit nach. Auf einmal erschien am Rande der Dorfstraße, die zur Hutweide führt, in wilder Flucht Zimbru, den jeder Mensch im Dorfe kannte und fürchtete. Auf dem Rücken des Stiers saß ein schwarzer Reiter.

„Gott helf uns, der Leibhaftige kommt", schrien die alten Frauen, die auf dem Kirchgang waren. Sie bekreuzigten sich, sprangen in Todesangst über den Wassergraben und verschwanden in den Haustoren.

„Großmutter, Großmutter", riefen die Kinder. „Es ist ein Bär, ein Bär sitzt Zimbru auf dem Rücken!"

„Ich glaubte schon, die apokalyptischen Reiter kommen", erzählte später der Pfarrer des Dorfes. „Es war wie der Weltuntergang, die Luft dröhnte vom Gebrüll der Tiere, vom Getrappel der Hufe, den Schreien der Frauen und Kinder. Es fehlten noch Pest, Krieg, Hunger und Tod, und das Bild wäre vollständig gewesen."

„Ja, ja, beim Weltuntergang kann es nicht fürchterlicher zugehen", sagte der Küster und schlug ein Kreuz.

Doch die Bauern, die sich auf dem Weg zum Kulturhaus befanden, und jene, die beim Zuikakessel saßen und ihren Zwetschgenschnaps brauten, die Jäger im Dorfe, sie wußten, was los war. Im Nu liefen sie alle, mit Äxten, Heugabeln und Jagdgewehren bewaffnet, zum Gemeindestall. Hinterher liefen die Kinder.

Zimbru hatte das halboffene Tor wie eine Zündholzschachtel weggefegt, die Stalltür zertrümmert; nun tobte der Kampf drinnen.

Als erster war Dumitru, der Gemeindediener, mit einer Heugabel bewaffnet, herbeigelaufen und wollte in den Stall, um Zimbru zu helfen. Paraschiva, seine Frau, schrie und zeterte: „Bleib da, du Narr! Der Bär wird dich zerfleischen, Zimbru wird dich zerstampfen. Oh, Leute, was fange ich nur mit meinen fünf Kindern an. Oh, die Armen bleiben ohne Vater! Helft mir, ihr Lieben!" Sie schrie und drängte ihren Mann von der Stalltür zurück.

Der Vorsitzende des Gemeinderates kam mit dem Gewehr seines Schwagers gelaufen. Ihm folgte die wackere Schar der Bergbauern.

„Was tun wir?" – „Laßt die Jäger in den Stall!" schwirrten die Rufe der Menschen durcheinander. Aus dem Stall hörte man das Dröhnen der Hufe und die Schläge Zimbrus; wütendes Schnauben, Krachen und Bersten der Krippe.

Dumitru drängte nach vorn und steckte den Kopf zur Tür hinein. Zimbru raste eben vorbei. „Er hat den ‚Schwarzen' abgeschüttelt!" rief er triumphierend, hob die Heugabel und wollte hinein. Der Vorsitzende hielt ihn zurück.

„Wo ist der ‚Schwarze'?" riefen die Bergbauern, die weiter hinten standen. Zwei Burschen wollten durch das kleine Stallfenster hineinblicken. Der eine stieg auf den Rücken des anderen.

„Na, was seht ihr, was tun sie, hat Zimbru dem Bären den Garaus gemacht?" riefen sie wieder durcheinander. Dumitru war nicht mehr zu halten. „Gib her!" Ohne zu warten, riß er das Gewehr aus der Hand des Vorsitzenden, sprang in den Stall, zwei Schüsse knallten. Drei Bauern, mit Heugabeln bewaffnet, drängten Dumitru nach, und so endete der „Schwarze Reiter", von Heugabeln und Äxten recht unweidmäßig zur Strecke gebracht. Wie es sich nachher herausstellte, war das Jagdgewehr mit Hasenschrot geladen.

Wir wollen auch den Mut der Bergbauern aus Bouțar nicht schmälern; es ist jedoch fraglich, ob nach dem Kampf Zimbrus mit dem Bären für die Dorfbewohner noch viel zu tun übrigblieb.

Leider konnte auch Zimbru nicht mehr gerettet werden; zu schwer waren die Wunden, die ihm der „Schwarze" zugefügt hatte. Die Jäger mußten auch Zimbru töten, und so folgte er dem Bären in die „Ewigen Jagdgründe".

Als unsere Jäger am späten Nachmittag durchnäßt, müde und mürrisch, da sie sich im Nebel verirrt hatten, zurückkamen, lud man sie zum Bärenschmaus ein. Man sagt: „Wer den Schaden hat, braucht für den Spott nicht zu sorgen." Den ganzen Abend wurden unsere Jäger gefoppt und gehänselt.

Als die Stimmung im richtigen Schwung war, stand Franzl-Bácsi auf und sagte: „Auf euer Wohl, liebe Freunde!" Gelassen fügte er hinzu: „Ich will euch nicht den Abend verderben, aber der, den ihr heute abgemurkst habt, war nur der jüngere Bruder des ‚Schwarzen', wenn der richtige ‚Schwarze' sich wieder auf euren Almen zeigt, laßt es uns wissen!"

In der Bärenhöhle

Bei einem Kontrollgang durchs Revier fand der Forstgehilfe Dan an der Südseite der schroffen Hänge des Căliman, die abgeforstet wurden, eine Bärenfährte.

„Donnerwetter", murmelte er, „muß ein Prachtexemplar sein, die Hinterpranke mißt ja fast fünfundzwanzig Zentimeter!"

Was tun? Den Fall seinem Vorgesetzten melden? Dazu brauchte er aber Einzelheiten. Ist es ein Bär, überlegte der Forstwart, kann hier ohne weiteres abgeforstet werden; ist es aber eine Bärin mit Jungen, darf sie nicht gestört werden.

Also los! sagte er sich. Mit entsichertem Karabiner ging er der Fährte nach. Er kam nur schwer über die vereisten Felsblöcke vorwärts. Gestern war hier eine Lawine zu Tale gedonnert. Immer wieder blieb er schweratmend stehen und blickte hinauf zu den wolfsgrauen Felstürmen, doch außer dem eigenen Herzschlag und dem hellen Klang der Äxte, den der Wind zu ihm heraufbrachte, war nichts zu hören. Der Weg wurde immer beschwerlicher. Er wollte schon aufgeben, da sah er auf einer Felsplatte, von Jungfichten halb verdeckt, den Eingang zur Bärenhöhle. Sollte er näher heran? Er sah sich um. Weit und breit kein Mensch. Doch horch! Was war das? Der Forstwart näherte sich dem Höhleneingang. Jetzt hörte er es ganz deutlich. Leises Wimmern und Klagen drang aus dem Berg.

„Bärenjungen!" flüsterte Dan. Aufmerksam betrachtete er die Fährte vor der Höhle. Die Bärin hatte flüchtend ihr Winterquartier verlassen. Die Jungen waren alleine, darum das Geplärr um ihre Mutter.

Der Frühling ließ hier oben noch auf sich warten. Wer weiß, wie weit sich die Bärin, durch den Arbeitslärm erschreckt, von ihren Jungen entfernt hatte und jetzt auf Suche nach Nahrung im Tale umherirrte.

Noch am selben Tag meldete er die Beobachtungen seinem Vorgesetzten. Der Förster beauftragte ihn, den Arbeitsplatz westwärts zu verlegen. Am nächsten Tag, als er die neuen Parzellen abgesteckt hatte, ließ es ihm keine Ruhe, er wollte nachsehen, ob die Bärin zu ihren Jungen zurückgekehrt war. Bei Bärinnen ist das Muttergefühl sehr entwickelt. Aber es geschieht auch, daß die Bärin, wenn sie nach dem Setzen aufgescheucht wurde, ihre Kleinen verläßt.

Vor der Felshöhle fand Dan frische Fährten. Die Bärin hatte den Höhleneingang umkreist, aber ohne zu ihren Jungen zurückzukehren. Mit schußbereiter Waffe näherte er sich dem Eingang zur Höhle. Von neuem hörte er, wie die Bärenjungen vor Hunger winselten. Ihr Klagen war schwächer als am vorigen Tage. Es reizte ihn, in die Höhle zu kriechen, um die Jungen herauszuholen. Hatte ihm aber der Förster nicht aufgetragen, die Bärenfamilie nicht zu stören?! Das bedeutete jedoch, die Kleinen dem Hungertod preiszugeben. Dan stand vor der Bärenhöhle und überlegte. Sollte er Hilfe holen, um die Bärin zu vertreiben, wenn sie zurückkehren würde, solange er in der Höhle blieb? Wer aber von den Holzfällern hatte den Mut, sich der Bärin ohne Schußwaffe entgegenzustellen?!

Die Jungen müssen vor dem Hungertod gerettet werden! Der Gedanke krallte sich in seinem Gehirn fest. Schon beugte er sich vor, um in die Höhle zu kriechen, da stockte sein Fuß. Kälte kroch ihm den Rücken entlang. Erinnerungen wurden wach. Er sah den jungen Hirten Damian, den man im vorigen Herbst sterbend ins Dorf gebracht hatte. Er wollte Meister Petz den geraubten Widder abjagen und wurde dabei von dem Bären so arg zugerichtet, daß er bald darauf starb.

Schon zum zweitenmal kontrollierte er, ob die Waffe entsichert sei.

Werde mit der Taschenlampe ein wenig in die Höhle leuchten, sagte er sich. Will nur äugen, was da los ist. Auf allen vieren kroch er durch den niedrigen Höhleneingang, richtete sich dann auf und ließ den Lichtstrahl über den naßglänzenden Felsen streifen. Das Winseln der Bärenjungen verstummte, als der Lichtkegel über die Wände glitt. Konnten die Kleinen schon sehen, oder hatten sie ihn gewittert? Er machte noch einige Schritte vorwärts. Die Höhle war etwa sieben Meter lang. Aber wo steckten die Jungen? Dan beugte sich hinunter. Das Lager der Bärin. Er suchte zwischen dürrem Gras. Aha, dort saßen sie, in einem Felsspalt am Ende der Höhle. Ängstlich aneinandergedrückt, blinzelten sie ins Licht.

Schon etwa sieben, acht Wochen alt, dachte der Forstwart. Er näherte sich dem Felsspalt. „Verdammt noch mal!" schimpfte er. Es ging nicht weiter, nur noch einen oder einen halben Meter, und er hätte sie beim Kragen. Als er die Hand ausstreckte, krabbelten sie ängstlich in die hinterste Ecke und winselten jämmerlich. Wenn die kleinen Biester nur ruhig wären, aber das verzweifelte Geplärr konnte die Bärin auf hundert Meter hören. Er holte ein Stück Brot und geräucherten Schinken aus dem Rucksack; so versuchte er sie aus dem Versteck hervorzulocken. Es wollte ihm jedoch nicht gelingen. Die Kleinen schnupperten zwar, blieben jedoch außer Reichweite. Nein, so ging das nicht! Nervös spähte er zum Höhleneingang. Es war nicht ratsam, länger in der Kinderstube der Bärin zu bleiben. Dan ließ den Schinken in der Höhle zurück und kroch ans Tageslicht.

Der Forstwart kam am nächsten Morgen etwas früher zur Bärenhöhle. Keine frische Fährte der Bärenmutter war im Schnee zu sehen. Es war schon der dritte Tag, den sie ihren Jungen fernblieb. Hatte sie es aufgegeben, zu den Jungen zurückzukehren? Der alte Förster erzählte Dan, als er ihm seine Entdeckung meldete, daß sich die Bärinnen, wenn sie einmal aufgescheucht werden und ihre Jungen verlassen, sehr verschieden benehmen. Dabei spielen die Intensität der Störung, die Angst sowie das Alter der Jungen eine wichtige Rolle. Das Muttergefühl, die Anhänglichkeit scheint mit dem Größerwerden der Jungen zu wachsen und vor dem Scheiden, also nach ein bis zwei Jahren, wieder zu schwinden.

Leise kroch der Forstwart, ohne die Taschenlampe anzuknipsen, in die Höhle. Vielleicht konnte er die Kleinen im Schlafe überraschen. Bereits beim zweiten Schritt stieß Dan mit dem Gewehr an die Felswand, da fing auch schon das Gewimmer an. Die Jungen waren in den schützenden Felsspalt geflüchtet. Einen kleinen Sieg konnte er jedoch verbuchen. Das Brot und das Stück geräucherter Schinken waren verschwunden. Nun wollte er es mit frischem Fleisch versuchen. Er legte das rohe Schweinefleisch etwa zwei Meter vom Felsspalt auf einen Stein und blieb in Reichweite auf der Lauer. Da es wieder finster und still war, hörten auch die Kleinen mit ihrem Gejammer auf. Bald näherte sich leises Tappen und Schnuppern. Oder täuschte er sich? Jetzt werde ich sie kriegen! freute sich der Forstwart. Der Geruch des rohen Fleisches schien ihnen bekannt, oder war es nur der Instinkt des Raubwildes? Doch die Minuten verstrichen, reihten sich endlos aneinander, und die Jungen kamen nicht in Reichweite. Feuchte Kälte drang Dan in die Glieder.

Na, es geht eben nicht, seufzte der Forstwart. Sie sind noch zu klein und haben außer dem Stückchen Schinken nur Muttermilch bekommen, dachte er. Draußen hatte das Wetter umgeschlagen. Der Nordwind blies und wirbelte Neuschnee über die Hänge. Würde jetzt die Bärin, vom Wetter getrieben, zurückkehren, was dann? Bestimmt hatte sie es nach dem zehrenden Winterschlaf mit den zwei heranwachsenden Jungen auch nicht leicht. Wer weiß, wo sie jetzt der Heißhunger herumtrieb? Das zarte Waldgras, die jungen Brennesseln, die

Süßwurzeln im Tale, Maden und Gewürm im Fallholz hielten sie am Leben, bis der Frühling und dann der Sommer mit reicherer Kost aufwarteten.

Aber wie soll er die Jungen herausholen und vorm Hungertod retten? Er ließ die Taschenlampe aufblitzen, zwei nette Teddys, etwas größer als Hauskatzen. Ja, wenn sie fette Muttermilch hätten, würden sie wie Pilze im Frühjahrsregen heranwachsen.

Draußen rüttelte der Nord die zottigen Fichten vor der Höhle, daß der Forstwart erschrocken herumfuhr. Ein Junges jaulte und hustete. Dan flüsterte leise: „Bei deiner Mutter würdest du es wärmer haben." Im Geiste sah er, wie die Jungen, von der Mutter zärtlich ans Gesäuge gedrückt, um die Wette schmatzten. Das Schneewasser, das durch die Höhlenwand sickerte, gluckste leise. Der Forstwart war eingenickt. Seit wie vielen Stunden lauerte er schon vergebens? Die Kleinen ließen sich so nicht überlisten! Entmutigt durch den wiederholten Mißerfolg, ließ er das Fleisch in der Höhle zurück und beschloß, am nächsten Tag den letzten Versuch zu machen.

Als der Forstwart sich am Sonntagmorgen der Bärenhöhle näherte, flimmerte noch der Morgenstern über den spitzen Wipfeln der Fichten. Heute mußte es ihm gelingen! Es war nun der dritte Tag, den er in der Höhle verbringen sollte. Dan war nicht abergläubisch, und hätte er nicht das ächzende, klägliche „Bu-hu! Bu-hu!" der Waldohreule gehört, als er durch den Kahlschlag ging, würde er jetzt nicht schwarzen Gedanken nachhängen. Oder war der wimmernde Föhn daran schuld, der heute nacht den Nordwind abgelöst hatte? Der Neuschnee fiel von den Bäumen, überall gluckste und rieselte das lebenspendende Naß. Es roch nach faulem Laub und tauender Walderde. Die ersten Vogelscharen zogen lärmend vorbei, als er zur Höhle hinüberging.

Nun war ihm jeder Stein und Winkel der Bärenhöhle bekannt. Kaum, daß er sich hinter dem Höhleneingang aufrichtete, drang das leise Winseln der Jungen an sein Ohr. Das Fleisch hatten sie aufgefressen und sich in ihrem Schlupfwinkel verkrochen. Dan legte frisches Fleisch vor den Felsspalt und zog sich in eine Nische zurück. Die Kleinen hatten das frische Fleisch gefunden und wußten nun, wie gut es schmeckte. Doch die Schelme ließen sich Zeit. Es schien ihm eine Ewigkeit, da hörte er, wie sich einer der Kleinen näherte; da, jetzt kam auch der zweite; leise, wie Katzen auf samtenen Pfoten, schlichen sie schnuppernd näher. Als sie beim Fleisch waren und der erste danach schnappte, knipste Dan die Taschenlampe an und griff zu. O weh! Wie der biß und kratzte! Der Rucksack stand bereit. Ein Schubs, und das Bärlein war gefangen. Als er nach dem zweiten greifen wollte, war das schon flink wie ein Wiesel im Felsspalt verschwunden. Nun war wieder der Teufel los. Der eine heulte im Rucksack, der andere winselte im Felsspalt. Ein Gejammer, das auch die stärksten Nerven auf die Probe stellte.

Was war da am Höhleneingang los?! Er fuhr zusammen und brachte den Repetierer in Anschlag. Mit hartklopfendem Herzen spähte er zum Eingang. Die Bärin! durchzuckte es ihn. War es nicht ihr fletschender Fang, den er hörte?

„Gott sei Dank!" flüsterte er. Es war nur der Schnee gewesen, der am Höhleneingang von den Fichten rutschte und im Morgenlicht flimmerte.

Zum Teufel mit den überspannten Nerven! Sollte er es jetzt aufgeben, wo er schon einen im Rucksack hatte? Er mußte auch den zweiten herauskriegen.

Nachdem er sich überzeugt hatte, daß draußen alles still blieb, legte er die Waffe neben sich, nahm den Bergstock, steckte ein Stück Fleisch an die Spitze, und vorsichtig, Zentimeter für Zentimeter, um das Bärenjunge nicht zu erschrecken, kam er mit dem Fleisch näher, bis vor die Nase des heulenden Kleinen. Der Köder tat seine Wirkung. Der Bergstock mit dem Fleisch nahm den Weg zurück. Riechend und schmatzend kam der junge Bär, wie hypnotisiert, dem Fleisch nach. Als er aus dem Felsspalt heraus war, konnte Dan zupacken, und da hatte er ihn auch schon am Kragen. Wieder beisammen, waren sie nun still und warteten, was da kommen sollte.

Die Waffe in der einen, den Rucksack und den Bergstock in der anderen Hand, kroch der Forstwart zufrieden aus der Bärenhöhle.

Unten im Tale, die Bärenhöhle hatte er schon weit hinter sich gelassen, blieb Dan stehen und freute sich über die gelungene Rettung. Auf einer kleinen Waldwiese machte er Rast. Von einer nahen Fichte schimpfte ein Eichelhäher auf den Störenfried, während ein Schwarzspecht mit rotem Käppi fleißig nach Gewürm hämmerte. Als der Forstwart den Rucksack öffnete, erschienen zwei nußgroße Nasen, und vier Knopfaugen lugten neugierig in die Welt.

Das zerbrochene Jagdgewehr

Die Sonne näherte sich schon dem Horizont, als wir nach einer schönen Fahrt die Südhänge der Karpaten entlang mit unserem Geländewagen am Dorfrand bei Mos Ilie hielten. Ich stand noch unter dem Eindruck der herrlichen Landschaftsbilder, die der späte Oktober im Spiel von Licht und Schatten mit farbenreicher Palette auf die Berghänge malte, als Förster Lascu und Moş Ilie schon ins Dorf eilten, um für den nächsten Tag Treiber zu suchen. Es wird ihnen nicht schwerfallen, Leute für die Jagd zu gewinnen, denn, wie uns Moş Ilie sagte, können es viele Dorfbewohner kaum erwarten, mit Meister Petz abzurechnen. Besonders in den letzten Wochen konnte man sich seiner Sippe kaum erwehren. Das viele Wildobst in den nahen Wäldern hatte sie von weit und breit angelockt. Doch einige der ausgewachsenen Burschen hielten sich nicht nur an Wildobst, Eicheln und Bucheckern, sondern sie brachen nachts in die Schafherden ein und nahmen die größten und fettesten Hammel mit, ohne sich um das Gekläff der Hunde und das Geschrei der Hirten zu kümmern. Andere kamen in die Gärten am Dorfrand, um sich an den reifen Pflaumen und Äpfeln gütlich zu tun, ja, die starken Bärinnen brachten sogar ihre Jungen mit und schüttelten die Bäume, daß weder Pflaume noch Blatt oder Ast am Stamme blieben.

Während ich mit Rădăceanu, dem schmächtigen Bankangestellten aus der Hauptstadt, der noch an keiner Bärenjagd teilgenommen hatte, über die morgige Jagd sprach, kamen schon Lascu und Moş Ilie mit je zwei Flaschen Zuika unterm Arm zurück. Der Förster lachte, daß seine breiten Zähne im braunen Gesicht blitzten.

„Wir hatten leichte Arbeit. Einen Teil der Treiber für die morgige Jagd fanden wir um den Kessel versammelt. Die Leute brennen ihren Pflaumenschnaps. Wenn sie morgen auch so tüchtig sind wie heute bei der Kostprobe, werden wir gute Arbeit leisten", sagte er und stellte eine Flasche vor mich hin. „Ganz frisch, noch richtig warm, den muß man kosten!"

„Haben wir für morgen auch genügend Treiber?" fragte ich.

„Alles in Ordnung", beruhigte mich Moş Ilie, „die Leute werden pünktlich zur Stelle sein."

„Nach getaner Arbeit wollen wir auch für den Magen sorgen." Mit diesen Worten lud uns der gastfreundliche Alte zu Tisch. Der dampfende Maisbrei, auf ein Holzbrettchen gestürzt, frischer Schafkäse, pausbäckige, rote Paprikaschoten und faustgroße Zwiebeln standen schon auf dem Tisch.

Während der Alte frischgebrannten Zuika in die Gläser goß, betrachtete ich den in der ganzen Gegend bekannten „Bärentöter". Er war klein von Wuchs und trotz seiner mehr als sechzig Jahre aufrecht und kräftig. In seinem kantigen Gesicht blitzten zwei intelligente Augen, die ihm einen schlauen Ausdruck verliehen. Die sehnigen Arme waren unverhältnismäßig lang, mit großen, behaarten Händen.

„Wieviel Bären haben Sie in Ihrem Leben schon zur Strecke gebracht?" wandte ich mich an ihn, um ins Gespräch zu kommen. Er sah mich schmunzelnd an.

„Es mögen so ein Dutzend gewesen sein."

„Waren es wirklich zwölf?" staunte Rădăceanu und machte runde Augen hinter seiner Brille.

„Sie sind ja selbst Jäger, wie ich annehme", fuhr Moş Ilie fort. „Es kommt jedoch nicht auf die Zahl an, sondern darauf, was für Bären es waren und unter welchen Umständen man sie erlegt hat. Wenn man einen Hauptbären geschossen hat, will man einen noch stärkeren zur Strecke bringen, dann wieder soll es der kühnste Räuber sein, dann der gefährlichste und so weiter."

Da er nun schwieg, wollte ich nicht weiter in ihn dringen. Nachdem er aber einigemal das Schnapsglas angesetzt, seinen neuen Radioapparat eingeschaltet und dabei nicht ohne Stolz erklärt hatte, daß ihr Bergdorf schon seit einem Jahr ans Stromnetz angeschlossen sei, kam er wieder auf die Bärenjagd zu sprechen.

„Die Bären, die ich erlegte, waren ausschließlich Schlagbären, und ich erlegte sie allein, am Anstand oder auf Treibjagden. Alle hatten den Bergbauern großen Schaden zugefügt. Die einen brachen nachts in die Schafhürden ein; die kühnsten und gierigsten Räuber unter ihnen kamen bei Tage und schleppten uns das schönste Jungvieh in die unzugänglichen Schluchten des Gebirges. Nur einer, den ich durch Zufall erlegte, läßt mir keine Ruhe; ich weiß auch heute nicht, ob ich recht gehandelt habe. Eine Sache, die mich fast ins Kittchen gebracht hätte."

Er schwieg, zog die kantige Stirn in Falten, als ob er noch immer darüber nachgrüble. Ich betrachtete ihn voller Spannung.

„Na ja, also die Sache trug sich folgendermaßen zu. Die Wildsauen hatten unsere Maisfelder arg zugerichtet, und da es des Nachts geregnet hatte, wollte ich sie am Hang hinter den Feldern erwarten. Es war noch dunkel, als ich in den Wald ging. Die Schwarzkittel kamen jedoch nicht. Es fing schon an zu tagen, da entschloß ich mich zu einem Pirschgang. Ich ging langsam mit schußbereiter Waffe einen Hohlweg bergan. An einer Wegbiegung stand ich auf einmal einem mächtigen Bären gegenüber. Der aufgeweichte Waldboden hatte meine Schritte gedämpft, so daß ich bis auf einige Meter herankam, ohne daß wir einander bemerkt hatten.

Die Überraschung war so groß, daß wir einige Sekunden starr dastanden, dann erhob sich der Bär mit einem Ruck und kam böse auf mich zu. Ich hatte gerade noch Zeit, meine

Büchse zu heben und ihm eine Kugel durch den Kopf zu jagen."

Moş Ilie erzählte die Begebenheit ohne jene Begeisterung, die man bei Jägern gewohnt ist, und hatte die ganze Zeit einen nachdenklichen Ausdruck im Gesicht.

„Warum waren Sie nahe daran, ins Gefängnis zu kommen?" warf ich ein.

„Nun, ganz einfach. Es ist doch verboten, ohne Erlaubnis Bären zu jagen, und ich hatte gleich einen Hauptbären zur Strecke gebracht. Ich erzählte, wie es mir ergangen war. Aber die Jagdexperten behaupteten, daß Bären nicht angreifen, wenn sie nicht angeschossen wurden. Tierpsychologen wurden hinzugezogen und befragt. So ging es hin und her, bis ich mit einer Geldstrafe davonkam." Mir schien, als ob ein verschmitztes Lächeln über seinen Stoppelbart huschte.

„Eine höchst interessante Sache", erwiderte ich, „nur bin ich nicht damit einverstanden, daß Bären den Menschen nicht angreifen. Ich kenne glaubwürdige Berichte von Hirten und bekannten Jägern, die in den Karpaten von Bären angegriffen wurden. So zum Beispiel machte vor vielen Jahren ein solch blutgieriger Räuber die Gegend um die Urlea-Spitze unsicher. Er überfiel im selben Herbst zwei Hirten, der eine hatte Glück und flog beim Zusammenstoß einen Hang hinunter, während der andere vom Bären ziemlich arg zugerichtet wurde."

Moş Ilie lächelte, sichtlich erfreut, in mir einen Menschen gefunden zu haben, der ihn verstand.

„Noch mehr", fuhr ich fort. „Vor Jahren hörte ich eine recht lustige Geschichte, die sich im Retezat-Massiv zugetragen hat." Unser Gastgeber goß von neuem die Gläser voll und bat mich zu erzählen. Seine Augen blitzten in jugendlichem Feuer.

„Da lag also ein Hirte in seinen Schafpelz gewickelt am Rande eines Waldes. In der Nähe weideten seine Schafe, während die Hunde in der warmen Abendsonne schliefen. Auf einmal fühlte sich der Hirte von zwei mächtigen Pranken gepackt, riß erschrocken die Augen auf und – erblickte den fürchterlichen Rachen eines Bären über sich. Vor Schreck brüllte der arme Kerl so auf, daß es weithin schallte und von den Felswänden ein vielfaches Echo zurückgeworfen wurde. Zum Glück des vor Angst halbtoten Hirten ließ Meister Petz von ihm ab und ging brummend seines Weges. Er hatte anscheinend den in seinem Schafpelz daliegenden Hirten für einen ausgewachsenen Leithammel gehalten."

Jetzt hatte ich das Herz des Alten völlig gewonnen. Er lachte aus vollem Halse, daß ihm die Tränen über die Wangen liefen.

Nur der schmächtige Rădăceanu machte ein Gesicht, als ob er sagen wollte, „da hast du uns einen tüchtigen Bären aufgebunden". Dann wandte er sich an den Förster: „Was meinen Sie als Fachmann, ist es möglich, daß Bären am hellen Tag Menschen angreifen?"

Nun war es an Lascu, mit seinen Jagderlebnissen herauszurücken. Der Förster wollte gerade beginnen, da klopfte es an der Tür, und neue Gäste kamen herein. Der Bürgermeister Chiriță, ein kräftiger junger Mann, etwas über die Dreißig, und ein untersetzter Vierziger, Ion Voicu, der Lehrer der Achtklassenschule im Dorfe.

Sie hatten von der morgigen Jagd gehört und kamen, um uns, wenn nötig, bei der Vorbereitung zu helfen, dies um so bereitwilliger, als Chiriță selbst ein leidenschaftlicher Jäger war. Sie erzählten, daß auch Mihalcea, der Vorsitzende unserer landwirtschaftlichen Produktionsgenossenschaft, kommen wollte, aber augenblicklich anderwärts beschäftigt sei. Ein Gläschen Schnaps wurde geleert, und das Gespräch kam wieder in Gang.

Da wir wußten, daß Chiriță auch Jäger ist, hagelte es bald die verschiedensten Fragen.

Alle wollten seine Meinung über die morgige Jagd erfahren.

Er blickte uns jedoch mit verschmitzten Augen der Reihe nach an und versuchte geschickt, dem Gespräch eine andere Richtung zu geben.

Der schlaue Bürgermeister wollte sich nicht aufs Glatteis begeben, er wußte: Haben wir morgen kein Weidmannsheil, dann wehe dem Prahler, der uns die Bären vor den Lauf zu bringen versprach. Denn ist es auch ein gutes Revier, ein Tiergarten ist es noch lange nicht. Darum erzählte uns Chiriță lieber von seinen Plänen, noch in diesem Jahr ein neues Kulturheim zu erbauen. So kamen wir von der Jagd auf das neue Leben im Dorf zu sprechen.

Im lustigen Gespräch verging die Zeit, und ehe wir's uns versahen, war es Mitternacht.

Die Hausfrau führte die Gäste in ihr Schlafzimmer. An den Wänden hingen handgewebte Decken mit Motiven aus dem Leben der Bergbauern. Die bunte Farbenpracht der Landschaft war da von den geschickten Händen der Frauen mit Kunstsinn und Fleiß wiedergegeben. Mit dem Blick auf buntgewebte stilisierte Rehe, Bären und Wildenten schliefen wir ein.

Draußen war es noch dunkel, als uns Moş Ilie aus den Federn trieb, und nach kurzer Zeit summte schon der Geländewagen durch das Dorf, in dem noch alles schlief.

Treffpunkt war das Forsthaus im Strîmba-Tal. Wir waren als erste da. Der Förster erwartete uns vor seinem Haus mit zwei Rüden an der Koppel. Tiefe Stille herrschte noch ringsumher, so daß auch wir unwillkürlich leise sprachen.

Im Osten, hinter der dunklen Silhouette des Berges, erschienen rote Streifen am Horizont, und der Morgenstern verblaßte. Vom Dorfe her hörten wir das Knattern des Traktors, der in einem Anhänger die Treiber heranfuhr; mit ihnen kamen auch die Jäger aus dem Dorf, Chiriță an der Spitze. Nun wurde es schon lauter, und ich konnte mich des Eindrucks kaum erwehren, daß sie bereits am frühen Morgen vom „Neuen" gekostet hatten.

Die Treiber mußten um den Südhang herumgehen, um dann durch das zerklüftete Suru-Tal den Nordwesthang hinaufzusteigen. Wir warteten mit wachsender Ungeduld auf unsere Städter. Inzwischen war die Dämmerung gewichen, Bäume und Menschen ringsum nahmen Formen an, es schien, als schrumpfte der Raum zusammen, als rückten die rings aufragenden Berge immer näher.

Nun vernahm man Motorengeräusch. Es waren unsere Leute, die mit einem Überlandbus direkt aus der Hauptstadt kamen. Es wurde lebendig. Man begrüßte einander, jeder wollte wissen, wie es mit den Bären und Wildsauen stehe, wieviel es im Revier gäbe, wieviel Triebe gemacht werden und dergleichen mehr.

Die Mehrzahl der Jäger waren Arbeiter und Techniker aus den hauptstädtischen Betrieben; alte Füchse und auch Neulinge, die noch an keiner Bärenjagd teilgenommen hatten. Das Gewimmel dauerte jedoch nicht lange, und der Jagdleiter, Förster Radu, übernahm die Führung. „Wir haben zwei Wegstunden bis zum ersten Trieb. Ich schlage vor, daß wir aufbrechen." Und schon ging es den Hang hinan. Als der Aufstieg begann, erschien die Sonne über den zackigen Gipfeln, ein kühler Windzug strich das Tal entlang. Unten lagen noch dunkle Schatten, nur die höhergelegenen Hänge leuchteten golden in der Morgensonne. Am Rande eines farbenprächtigen Buchenwaldes stiegen wir, an Brombeer- und Weißdorngesträuch vorbei, immer höher. Bald sahen wir unten im Tal, im bläulichen Morgendunst, das Bergdorf liegen, im Hintergrund einen Streifen hellgelber Birken.

Der Weg wand sich in Schleifen über einen steinigen Hang, dann durch einen Buchenwald, an schroff abfallenden Felshängen entlang, der nächsten Bergwiese zu. Der Aufstieg wurde immer schwieriger, die Gruppe der Jäger zerfiel in kleine Grüppchen, und unsere Städter strengten sich an, mit den Jägern unter den Bergbauern Schritt zu halten.

Der Förster erklärte währenddessen:

„Der Südosthang, an dem wir aufsteigen, ist formenreicher und zugänglicher, während der Nordwesthang, über den die Treiber mit den Hunden kommen, sehr schwer zu ersteigen ist. Ein dichter Buchenwald, der weiter oben in Fichten- und Tannenwald mit dichtem Unterholz übergeht, bedeckt das von steilen Felswänden flankierte Tal."

Noch bevor wir den Kamm erreichten, ließ der Förster die ersten Schützen zurück, um die Flanken zu besetzen.

In einem großen Bogen umspannten wir das Tal und besetzten alle Hohlwege und Wechsel.

Ich blieb am Rande einer Felswand neben einer rotblättrigen Buche stehen. Ihr gerader, kräftiger, allen Stürmen trotzender Stamm reckte sich gegen den blauen Himmel empor. Ringsum wuchs hoher Adlerfarn, vom Herbst rotbraun gefärbt. Nachdem die Jäger sich entfernt hatten, blieb eine spannungsgeladene Stille zurück. Nur hin und wieder hörte man den Flügelschlag einer Amsel oder das huschende Geräusch einer Waldmaus. Selbst das leichte Säuseln des Windes in den Baumwipfeln, vom Knistern des fallenden Laubes unterbrochen, störte mein angestrengt lauschendes Ohr.

Mein Nebenmann zur Rechten machte mir ein Zeichen, damit ich sehe, wo er steht. Den Jäger zur Linken konnte ich wegen einer Gruppe dunkler Fichten nicht erblicken. Die Zeit schlich langsam dahin. Auf einmal durchschnitt ein heller Trompetenton die Stille. Das Zeichen für die Treiber. Zehnfach warfen die Felswände den Lärm der Treiber zurück. Es dauerte nicht lange, da hörte man die hellen Laute der jagenden Rüden, die auf Wild gestoßen sein mochten. Die Hatz kam näher, dann verstummte sie plötzlich.

Im nahen Unterholz hörte ich brechende Geräusche eines

flüchtigen schweren Wildes. Ob es ein Schwarzkittel oder Meister Petz selbst war, konnte ich nicht unterscheiden.

Von rechts her peitschte der erste Schuß durchs Tal und wurde dumpf grollend von den Felswänden zurückgeworfen, nach kurzer Zeit folgten zwei weitere Schüsse.

Der Förster kannte also sein Revier, der Anfang war nicht schlecht. Das Geschrei der Treiber kam näher, um dann wieder ganz zu verstummen, wenn sie in einer Talmulde verschwanden.

Wieder hallten Schüsse von den Flanken, wo das Wild auszubrechen versuchte.

Das Herz schlug heftig gegen die Brust. Einer der Rüden kam lautgebend schnurgerade auf mich zu. Im Unterholz des dichten Tannenwaldes knackten und brachen die trockenen Zweige. Sekunden voller Spannung vergingen. Ich umspannte meinen großkalibrigen Stutzen fester. Das Knacken und Brechen der Äste wurde stärker. Plötzlich stand im dunklen Geäst ein mächtiger Hirsch. Er hob das Haupt mit dem starken Geweih, nahm Wind und kam dann in voller Flucht in Schußweite an mir vorbei.

Kurz darauf erschien mit lautem Gekläff der borstige Foxterrier.

Das kann man nur in den Wäldern unserer Karpaten erleben. Man erwartet Bären und Schwarzkittel, und da erscheint unerwartet ein starker Zwölfender. Es zuckte mir in den Fingern. Doch hieß es, die Jagdleidenschaft bändigen, denn heute durfte kein Hirsch erlegt werden.

Im dunklen Grün der Tannen tauchten auch schon die Treiber auf.

Jäger und Treiber versammelten sich nach und nach auf der Almwiese, am Rande des Waldes.

Lustige Rufe erklangen. Die Pechvögel, die geschossen, aber nichts getroffen hatten, wurden gehänselt. Umringt von Jägern und Treibern erschien auch der erfolgreiche Schütze, einen mit dem Schweiß des erlegten Wildes genetzten Fichtenzweig am Hut. Hinter ihm eine Gruppe von Treibern, die den groben Keiler heranschleppten.

Stanciu sonnte sich in der strahlenden Morgensonne und seinem Weidmannsheil. Breit lächelnd, nahm er die Glückwünsche seiner Jagdgenossen entgegen.

Moş Ilie hatte inzwischen im Windschatten eines Felsbrockens ein Feuer angezündet. Die Leute kamen nun heran, um ihren Speck oder die Wurst am Spieß zu braten.

Ein verspäteter Jäger aus dem Bergdorf kam atemlos gelaufen und berichtete dem Jagdleiter, daß eine Wildsau krankgeschossen war und nun zwei Jäger auf ihrer Fährte seien.

Der Förster schickte einen ortskundigen Treiber aus, um die Jäger zurückzurufen. „Weidwundes Wild soll nicht verfolgt werden, es ist besser, man läßt es im Wundbett verenden!" rief er den Treibern belehrend nach.

Der Keiler wurde inzwischen aufgebrochen. Nach altem Jägerbrauch nahm Moş Ilie die Leber des Erlegten, spickte sie mit geräuchertem Speck und briet sie am Feuer.

Eine bauchige Flasche ging von Hand zu Hand. Frohe Stimmen erklangen in der Runde.

Unbekümmert scherzten die Treiber und neckten die Jäger unter den Bergbauern, welche, wie alle Jäger, mit viel Pathos ihre Jagderlebnisse zum besten gaben.

Mein Blick schweifte in die Ferne. Der ganze Berghang bis tief hinab ins Tal war ein buntes Meer von rotschillernden Buchen und rostbraunen Eichen. Mittendrin hellgelbe und grüne Inseln von Birken und Tannen. Die grünen Inseln der Tannen und Fichten wurden immer größer, je mehr sie sich der Spitze näherten, bis sie wie ein Smaragdgürtel die Kette der Karpatengipfel säumten.

Förster Radu sah dem fröhlichen Treiben zu. Er lächelte versonnen und sprach dann: „Es war nicht immer so wie heute. Sehen Sie dieses Steinkreuz unter der großen Tanne dort an. Es erinnert die älteren unter uns an vergangene Zeiten." Der Förster sprach leise, seine Worte waren an mich gerichtet. Rădăceanu hatte jedoch zugehört, und schon kamen die Fragen: „Wie kommt das Steinkreuz in diese Wildnis? Was hat es zu bedeuten?"

Der sonst gesprächige Radu gab keine Antwort. Er saß nachdenklich auf einem Baumstumpf und brannte sich die kurze Pfeife an. Nach einer Pause erklang seine Stimme noch immer zögernd: „Wenn ihr also die Geschichte hören wollt, will ich sie euch erzählen.

Dieses Jagdgebiet war früher einmal königliches Eigentum. Der Nimmersatt hatte diese Wälder für schweres Geld an ausländische Fürsten und Grafen verpachtet. Hier im Tal hatte ein Graf sein Jagdschloß, seinen Oberförster und seine Wildheger. Die Bauern aus den umliegenden Dörfern durften nicht in den Wald. Wollten sie Waldbeeren oder Pilze sammeln, mußten sie die Erlaubnis des Oberförsters haben und dafür bezahlen. Die Bauern klagten: ‚Nicht einmal die Luft des Waldes darf man unbezahlt atmen!' Aber wer hörte schon ihre Klagen an! Es ist nur verständlich, daß die Bauern auf eigene Faust handelten und sich zur Wehr setzten."

Der Förster blickte uns forschend an, er wollte wissen, ob wir seiner Erzählung folgten. Inwischen hatten sich neue Zuhörer hinzugesellt und den Kreis um Radu erweitert.

„Das Wild in den Wäldern vermehrte sich. Wildsauen und Bären fügten den Bauern großen Schaden zu. Mancher von ihnen blieb über Nacht, wenn die Schwarzkittel in sein Feld einbrachen, ohne Mais oder Kartoffeln.

Eines Tages erlegten zwei Bergbauern, Vater und Sohn, eine Wildsau. Der Oberförster Zimbrea, so hieß der Saufbold, überraschte sie dabei, als sie das Wildschwein wegschleppen wollten. Vergebens beteuerten die beiden, sie hätten die Wildsau im eigenen Maisfeld weidwund geschossen und dann im

Walde verfolgt. Sie wurden verurteilt. Der Vater starb bald an den Folgen der Mißhandlungen im Gefängnis."

Der Förster machte wieder eine Pause, und mir schien es, als ob eine Träne in seinen grauen Augen glänzte. Da er schwieg, drängte Rădăceanu: „Aber was hat das Steinkreuz damit zu tun?"

Der Förster stand auf und sah sich hilfesuchend im Kreise um. Da erklang die Stimme Moş Ilies: „Laß mich weitererzählen."

Der Förster nickte und trat aus dem Kreis der Zuhörer.

„Ihr müßt wissen", fuhr Moş Ilie fort, „daß unser Förster Radu eben sein eigenes Leben erzählt hat. Er ist der Bergbauer, der jahrelang im Gefängnis gesessen hat. Nun hört weiter! Es mag so ein Jahr vergangen sein, seit Radu aus dem Gefängnis zurückgekehrt war. Da ist eines Tages der Oberförster Zimbrea verschwunden.

Die Bergbauern waren froh, aber niemand wußte, wohin er verschwunden war. Die Gendarmerie stellte Nachforschungen an, doch sie blieben erfolglos. Erst nach Wochen fanden die Wildheger seinen Leichnam an diese Tanne dort gebunden. Da niemand den Wald betreten durfte, war er, an den Baum gefesselt, verhungert. Die Bergbauern hatten sich gerächt. Der Graf aber ließ seinem ergebenen Knecht ein Steinkreuz errichten…"

Der Förster gab das Zeichen zum Aufbruch. Hochaufgerichtet schritt er allen voran. Nach einer Stunde angestrengten Marsches erreichten wir einen Bergkamm. Der Tannen- und Fichtenbestand wurde immer schütterer. Nur hier und da stand eine zerzauste Wetterfichte, die allen Stürmen trotzte.

Ringsum wuchsen Heidelbeerbüsche. Morsche, vom Winde gefällte Fichten und Tannen lagen am Hang. Nahe dem Felskamm wies uns der Förster unsere Stände an.

Wieder erklang der helle Ruf der Jagdtrompete über die sonnigen Hänge, bis tief hinein in die schroffen Felskulissen.

Vielstimmig kam die Antwort der Treiber, daß es weithin erschallte.

Förster Radu als erfahrener Jagdleiter hatte uns die Stände so angewiesen, daß das Wild an den Jägern vorbei mußte, wenn es nicht zurück durch die Reihen der Treiber ging.

Da peitschte auch schon ein Schuß von der rechten Flanke her über den Hang. Er ließ mich den Stutzen entsichern. Schuß auf Schuß donnerte in den sonnigen Tag. Nur an meinem Stand blieb es ruhig.

Doch da, zur Rechten, hörte ich einen der Saurüden Laut geben, kurz darauf zwei Schüsse und einen gellenden Schrei, der mich erschauern ließ. In dieser Richtung stand doch Rădăceanu, der Bankangestellte mit der Brille.

Ich umspannte den Repetierstutzen und lief zur Stelle, wo ich ihn zuletzt gesehen hatte. Als ich atemlos ankam, sah ich Moş Ilie mit der Büchse im Anschlag bei einem Baumstumpf knien, neben ihm, bleich, mit zerfetzter Jacke, Rădăceanu. Zwei Schüsse knallten.

Nun sah ich den mächtigen Bären in einer Mulde neben einem Baum liegen. Die Kugel hatte ihn umgerissen. Er raffte sich auf, umklammerte den Baum und brüllte vor Wut und Schmerz. Seine riesigen Pranken zersplitterten die Rinde des Baumes. Moş Ilie hatte in spitzem Winkel etwas zu tief geschossen. Ein Fangschuß machte der Qual des Bären ein Ende.

Nun wandten wir uns dem unglücklichen Jäger zu. Während ihm Moş Ilie die Wunde mit Schnaps wusch (wir hatten nichts Besseres bei der Hand) und mit dem abgerissenen Hemdärmel verband, erzählte uns Rădăceanu mit bebenden Lippen, wie sich die Sache zugetragen hatte: „Ich stand an der Stelle, die mir der Jagdleiter zugewiesen hatte. Die Jagd begann, da überlegte ich: Was tust du, wenn ein Bär kommen sollte, schießt du oder nicht? Ich hatte ja nie einen Bären in freier Wildbahn gesehen. Während ich dastand, horchte und überlegte, ging die Hatz an mir vorbei." Rădăceanu bat uns um einen Schluck Wasser und erzählte dann weiter. „Ich dachte, nun sei der Trieb zu Ende und kam hinter dem Baum hervor. Da steht auf einmal das braune Ungetüm dort einige Schritte vor mir. Ich schaue und glaube zu träumen, da erhebt sich der Bär und greift wütend an. Ich vergesse vor Schreck, daß ich die Flinte in den Händen habe, und will flüchten, doch er ist schon heran. Da strecke ich ihm wie zur Abwehr das Jagdgewehr entgegen, er faßt es... ich laufe weg. Da kracht es hinter mir. Der Bär hat das Gewehr wie einen Stock zerbrochen, und die Schüsse sind losgegangen. Sehen Sie hier!" Er reicht uns das zerbrochene Gewehr. „Ich laufe und überlege, wo ich hin soll, da ist er wieder hinter mir." Rădăceanu macht eine Pause und greift wieder zur Feldflasche, um dann fortzufahren: „Ich springe den Hang hinunter, der braune Teufel aber schlägt mir seine Pranke in die Schulter; ich falle durch die Wucht des Schlages hinter den Baumstumpf da und bleibe liegen. Der Bär kullert mir nach und weiter in die Mulde. Das Weitere habt ihr selbst gesehen", schließt Rădăceanu todbleich.

Inzwischen hatten sich die Jäger und Treiber auf einer Lichtung unter dem Kamm versammelt. Die Jagdbeute wurde herbeigeschafft: Zwei kapitale Bassen und drei Bären lagen im trockenen Waldgras. Die glücklichen Schützen standen daneben und blickten mit unverkennbarem Stolz auf ihre Beute. Scheu betrachteten die Bergbauern die auch im Tode noch achtunggebietenden Ungetüme, um die sich am Fuß der Karpaten so viele Erzählungen und Sagen gewoben hatten.

Förster Radu beschloß, nach dem Unfall die Jagd abzubrechen. Hell klang der Ton der Jagdtrompete durch das weite Tal, und die für einige Stunden unterbrochene Ruhe zog wieder ein in die herbstlichen Wälder des Suru-Tals.

Die Beute wurde für den Transport vorbereitet. Moş Ilie gab, rührig wie immer, seine Anweisungen. Etwas abseits aber stand noch immer bleich und der vielen Fragen müde, Rădăceanu mit seinem zerbrochenen Jagdgewehr.

Der Bär als Sanitäter

Daß unser Braunbär manchmal die entlegenen Bergdörfer mit seinem Besuch beehrt, ist bekannt, daß ihn aber Lärm und Trubel der Urlauber in unseren Kurorten nicht abhalten, hier auf Raub auszugehen, dürfte neu sein.

Im Sommer 1966 weilte ich zur Kur in Tuschnad. Die Monate Juli und August waren sehr heiß, doch im Alttal, im dichten Fichten- und Tannenforst war von der Hitze nichts zu spüren. Kurze Sommergewitter sorgten für ozonreiche und staubfreie Luft.

In den umliegenden Wäldern gab es Pilze, Erdbeeren, Himbeeren und Preiselbeeren in Fülle. Meister Petz hatte hier Fraß soviel er nur wollte. Trotzdem besuchte er nachts den Kurort und schleppte im Laufe des Sommers fast alle Schweine davon.

Anfangs wollte ich dem Gerede und den Klagen der Ortsbewohner keinen Glauben schenken. Ich meinte, es sei ein Beweggrund für die hohen Preise ihrer Privatküchen, oder, dachte ich, sie wollen die Preise noch höher schrauben. Vielleicht werden die lebenden Schinken von Menschen und nicht von einem Bären gestohlen, überlegte ich. Mein Mißtrauen war um so berechtigter, wenn man bedenkt, wie viele Missetaten den Bären zu Unrecht nachgesagt werden.

Vor einigen Jahren hatten die Forstkreisleitungen zusammen mit Jagdsachverständigen in einigen Gebieten, wo der Bär zu Hause ist, eine Statistik erstellt, wie viele der Haustiere, die verschwunden waren, den Bären zum Opfer fielen. Das Ergebnis war verblüffend. Da also die Bären auch in die neue „Informationstechnik" einbezogen wurden, müssen wir der Statistik Glauben schenken, und die besagt, daß nur fünf bis zehn von hundert Schafen, Rindern und Schweinen den Bärentod fanden, während neunzig Prozent den Wölfen zuzuschreiben sind. Inwiefern sich die Statistik durch die Sympathie der Jagdbehörden für den Bären beeinflussen ließ, ist schwer festzustellen. Da der graue Räuber außer Gesetz steht, kann man ihn zu jeder Zeit jagen und bekommt noch eine Abschußprämie, es wird sich auch niemand finden, der für den Wolf eintritt und die neunzig Prozent als zu hoch gegriffen beanstandet.

Auch der Umstand, daß die Tuschnader den Lokalbehörden trotz des Gejammers keine offiziellen Klagen einreichten und auch keinen Schadenersatz verlangten, bekräftigte mein Mißtrauen, daß es eben nur eine „Bärengeschichte" sei.

Der Zufall wollte, daß ich eine geeignete Stelle zum Fotografieren suchte und den Hang oberhalb der Gaststätte „Moara de la Făgădău" hinaufstieg. Da sah ich überrascht die frische Fährte eines Bären, die in einem fast undurchdringlichen Dickicht von Holunder, Weißdorn- und Haselbüschen verschwand.

Von diesem Augenblick an wußte ich, daß die Leute nicht übertrieben hatten. Ich nahm an, daß der Bär sich in der Nähe aufhielt, trotz der vielen Eisenbahnzüge, die Tag und Nacht vorbeiratterten.

Ich wollte nun mehr über die Räubereien des Bären erfahren, suchte und fand einen der letzten glücklichen Besitzer eines stumpfschnauzigen Yorkshire, im besten Gewicht, um fettlose Steaks für an Kreislaufstörungen leidende Stubenhocker abzugeben. Aber man soll nie die Rechnung ohne den Wirt machen.

Die Kurortverwaltung erlaubte mir großzügig, das Quartier zu wechseln, so zog ich in ein schlechtes, feuchtes Zimmer, näher zum Tatort. Man brauchte nicht viel vom Scharfsinn eines Untersuchungsrichters, es genügte etwas Nase, um zu erfahren, daß der Bär hier geschickt die Schwächen der Menschen zu seinem Vorteil nutzte. Im Kurort war es den Angestellten verboten, Schweine zu züchten. Um das Verbot zu umgehen, bauten die Leute ihre Schweinekoben im dichten Gebüsch, unweit der Villen. Als ob man den Gestank im Gebüsch verstecken könnte.

Die Kurverwaltung konnte jeden Augenblick beweisen, daß sie ihre Pflicht getan hatte; sie hatten ja das Papier, und die Kontrollorgane sahen keine Schweineställe, wenn sie nicht der Nase nachgingen.

Auch war damals das Problem der Umweltverschmutzung noch nicht so aktuell wie heute. Während die Sanitätsorgane bei den Kantinenküchen haltmachten, blieb der Bär jedoch nicht beim Eingang zum Kurort stehen, sondern ging seiner Nase nach, bis er im dichten Gebüsch auf den Schweinekoben und darin auf das süße Schweinefleisch stieß.

Als ich zu meinem neuen Hauswirt ging, klagte er mir, daß ihm von drei Yorkshire nur noch eines geblieben war.

„Das wird er mir nicht mehr wegtragen!" sagte er mir vertraulich, „ich habe mir einen großen Schäferhund angeschafft und einen Scheinwerfer montiert." Mit einem Päckchen „Snagov" mit Filter hatte ich die Sympathie des hageren, schnauzbärtigen Alten völlig gewonnen. Er zeigte mir seinen einzigen Besitz, wie er beteuerte, das neunzig Kilo schwere Yorkshire, den Schäferhund, den Scheinwerfer und die Lichtung, die er rings um den Koben ausgehauen hatte. Wie ich sah, war die Angst vor dem Bären größer als die vor der Sanitätskontrolle.

Der Hauswart war überzeugt, daß der Bär es nicht mehr wagen werde, wiederzukommen. Wie wenig kennst du Meister Petz, dachte ich. Dabei war ich überzeugt, daß der Bär, nachdem er sich einmal an das süße Yorkshirefleisch gewöhnt hatte, vor nichts zurückschrecken würde, um auch das letzte Stück davonzutragen.

Ich machte Biro-Bácsi den Vorschlag, die Tür zum Koben

zu verstärken und sie mit einem großen Hängeschloß zu verschließen. Der Schweinekoben war etwa dreißig, vierzig Meter von der Villa entfernt. Bis zur Eisenbahnlinie waren es vielleicht hundert und bis zur Überlandstraße etwa hundertdreißig Meter. Der Bär mußte also entweder die Straße oder die Eisenbahnlinie überqueren.

Als der Bär die nächsten zwei Nächte nicht kam, dachte ich auch wie Biro-Bácsi, na, der hat es aufgegeben! Die Posaunen des zwanzigsten Jahrhunderts werden ihm zu laut geworden sein. Die heulenden Sirenen der Last- und Eilzüge, die durch das enge Alttal brausen, die Überlandstraße mit dem pausenlosen Bergaufgebrumm der LKWs und PKWs, die Lautsprecher, diese Geißel der Zivilisation, die johlenden Saufbrüder am Wochenende: für den Bewohner unserer stillen Bergwelt mußte das die Hölle sein.

Dann wieder überlegte ich, wenn wir den Spektakel über unsere strapazierten Nerven ergehen lassen und dafür noch bezahlen, warum soll es nicht auch der Bär auf seiner Suche nach Fraß tun.

Jede Nacht bezog ich meinen Standplatz auf dem Balkon, natürlich ohne Büchse, und wartete auf Meister Petz. Nach drei Tagen hatte ich die Nase voll. Zum Rummel des Tages gesellte sich jetzt das Gebell des Schäferhundes Lupi, der die ganze Nacht lärmte. Zum Tannenharzgeruch kam der Gestank der Yorkshire Lady. Es schien, als ob der Hausmeister recht behalten sollte, der Bär ließ sich nicht sehen. Nach drei Tagen räumte ich das Feld.

Das Wetter hatte umgeschlagen. Regenschauer trommelten an das Fenster. Vom Alttal krochen Nebelschleier durch den Wald herauf. Bei solchem Wetter läßt es sich gut schlafen.

Vom ersten Schlaf noch ganz verduselt, hörte ich Lupi wie verrückt bellen. Türen wurden zugeschlagen, Fenster geöffnet, Schreie gellten durch die Nacht: „Der Bär! Der Bär!" Die Stimme klang, als ob der Bär die Frau des Hauswarts schon am Kragen hätte. Ich sprang auf und war schon auf dem Balkon. Der Regen hatte nachgelassen. Unten lief Lupi winselnd und jaulend samt der Kette davon. Am Schweinekoben drüben polterte und krachte es. Bretter barsten, und das Schwein quiekte. Überall dicke Finsternis, nicht einmal den Finger vor der eigenen Nase konnte man sehen. Da flammte der Scheinwerfer auf. Das weiße Licht durchbohrte die Finsternis und beleuchtete den Schweinekoben taghell. Der Bär stand aufrecht auf seinen Hinterläufen, er hatte den Stall kurzerhand abgedeckt. Das Dach lag auf dem Boden. Nun riß er eine Wand weg und ergriff das in Todesängsten schreiende Schwein. Das Licht schien ihn nicht zu stören, im Gegenteil, seine Bewegungen waren rasch und sicher. Ein bewundernswerter Räuber, dachte ich. Weder das Geschrei der Menschen noch das Licht konnten ihn abhalten, seinen Raub in Sicherheit zu bringen. Das zappelnde Opfer unter dem Arm, verschwand er aufrechtgehend im Gebüsch. Noch eine Zeitlang war das quiekende und röchelnde Schwein zu hören, dann legte sich wieder nächtliche Stille über den Wald. Auch die erregten Stimmen in der Villa verstummten allmählich. Nur im Zimmer des Hausmeisters brannte noch lange das Licht. Biro-Bácsi trauerte um sein letztes Yorkshire.

Ich hatte den Bären als Baumeister gesehen, wie er sich im Windbruch, unter den gefällten Baumriesen, geschickt seine Trutzburg einrichtete. Nun war es mir auch gegeben, ihn als Zimmermann zu beobachten, wie er den Schweinekoben auseinandernahm. Man muß sagen, er orientiert sich sehr schnell, geht die Tür wegen eines großen Riegels mit einem Hängeschloß nicht auf, da macht er nicht viel Federlesens und zertrümmert einen Schweinekoben, wie wir eine Zündholzschachtel zerdrücken.

Am Morgen erzählte mir der Hausmeister unter Klagen und Schimpfen, wie es am Abend zugegangen war. „Der Bär muß sich schon um elf Uhr in der Nähe herumgetrieben haben, denn Lupi bellte und zerrte wie verrückt an der Kette. Etwas später ging das Licht aus. Wegen des Gewitters wohl, Sie wissen ja, das ist schon seit Jahren so, daß wir in Tuschnad immer dann kein Licht haben, wenn wir es am nötigsten brauchen.

Nach kurzer Zeit beruhigte sich der Hund wieder, und ich nickte im Finstern ein. Wie lange ich geschlafen hatte, weiß ich nicht; als ich wieder vom Gebell und Gewinsel des Hundes aufschreckte, da war der Bär schon da. Lupi hatte aus Angst vor dem Bären die Kette vom Pflock abgerissen und war davongelaufen. In meiner Aufregung hatte ich vergessen, den Scheinwerfer einzuschalten, erst als ich das Licht bei den Gästen aufflammen sah und meine Frau heraustrat und schrie, habe ich den Scheinwerfer eingeschaltet, aber da war es schon zu spät. Wenn der verdammte Lichtschaden nicht gewesen wäre und ich von Anfang an hingeleuchtet hätte, wäre er vielleicht abgezogen", klagte der Alte.

Was sollte ich dem jammernden Hausmeister antworten – daß weder das Licht noch der Hund den Bären vom Rauben abgehalten hätten? Wenn er eine Woche Ruhe gehabt hatte, so sicher nur darum, weil der Bär inzwischen am anderen Ende des Kurortes einen anderen gesetzwidrigen Schweinekoben plünderte.

So wurde Meister Petz zum Sanitätskontrollorgan. Er verstand es, vielleicht etwas zu blutig und radikal, die Leute dazu zu bewegen, die Verordnung zu respektieren und die Luft im Kurort nicht mit ihrer Schweinezucht zu verpesten.

Um Mitternacht

Der Fahrer schaltete die Deckenleuchte ein. Zehn Minuten vor Mitternacht, in zwei Stunden kann ich zu Hause sein, dachte Schmidt. Er drückte auf das Gaspedal, der Vierzylinder heulte auf, und es ging flott in den finsteren Schlund des kurvenreichen Alttales hinein.

Nur selten kam ihm ein Fahrzeug entgegen, so daß er mit vollem Scheinwerferlicht fahren konnte. Trotzdem war er unzufrieden; der linke Scheinwerfer mußte ausgetauscht werden. Oder waren es die Augen? Schon über dreißig Jahre am Steuer – ob es stürmte oder schneite, sein LKW rollte über die Straßen. Es kam schon vor, daß der Motor manchmal bockte, etwas pustete, nicht richtig zog, weil man ihm schlechtes Benzin gab, doch man konnte sich auf ihn verlassen, stecken blieb er nie.

Der Motor surrte gleichmäßig. Hin und wieder wechselte der Chauffeur den Fuß vom Gaspedal auf die Fußbremse, denn die Straße war an vielen Stellen vereist, und es erging ihm trotz der Schneeketten wie beim Eiertanz.

Er verlangsamte die Fahrt. Ja, die Brille war schon lange fällig, er wußte es. Am Abend oder im Morgengrauen, im Zwielicht, mußte er sich über das Lenkrad beugen, um zu sehen. Trotzdem schob er den Gang zum Augenarzt immer wieder auf.

Ein Fahrer mit Brille? Wird man ihm weiter die Fernfahrten anvertrauen? Was werden seine Kollegen, die Vorgesetzten sagen? Ob er mit Olga darüber sprechen sollte? Aber was versteht sie schon von einer Fernfahrt mit vier Tonnen Fracht in der Kiste, Tag und Nacht unterwegs.

Ja, Olga wollte schon lange, daß er die Fernfahrten aufgab. Aber an das viele Geld dachte sie nicht. Den höheren Lohn für die Fernfahrten, den ließ sie sich gefallen. Da sagte sie nicht, das ist zu viel. Schmidt mußte lächeln. Sind sie nicht alle gleich, die Ehefrauen, wenn von Geld die Rede ist?

Mit den Eifersüchteleien hat sie in den letzten Jahren aufgehört. Vielleicht sprachen da die Jahre mit. Aber früher, da gab es an jedem Wochenende Eifersuchtsszenen, daß man kaum den Montag erwarten konnte, um die ewigen Vorwürfe loszuwerden. Dabei war es gar nicht so, wie sie ihm die Ohren vollposaunte: „Ich weiß es doch, in jedem Städtchen eine andere."

Na ja, so hin und wieder eine Damenbegleitung in der Fahrerkabine mit anschließender Übernachtung. Aber das nur, wenn man ganz sicher ging; Komplikationen liebte Schmidt nicht. Auch mußte ein wenig Sympathie dabei sein.

„Verdammt, wie es auf der vereisten Straße schlittert", murmelte er für sich.

Na ja, auch die Kollegen waren neidisch; sie meinten, daß man auf den Fernfahrten einen guten Batzen Geld verdiente. Aber auch mit den Passagieren in der Kabine oder in der Kiste war es nicht mehr wie früher. Alle wollten in letzter Zeit mit Personenwagen fahren, und Konkurrenten von dieser Branche hatten die LKW-Fahrer genug. Dann noch der Gauner, der Huber, der Rechnungsführer, er wollte auch seinen festen Anteil von den Fernfahrten einkassieren. Seitdem immer weniger abfiel, machte er Schwierigkeiten. Gut, daß man ihn vor einigen Wochen erwischt hat, war wohl zu weit gegangen.

„Hoppla, schon wieder gegen den Straßenrand gerutscht", sprach er mit sich selbst. Es war seine bewährte Methode, bei Nachtfahrten laute Selbstgespräche zu führen, um nicht einzuschlafen.

„Tja, man wird alt!" seufzte Schmidt, verlangsamte die

Fahrt und nahm mit der rechten Hand ein Bonbon aus der Tüte, die neben ihm auf dem Sitz lag.

So haderte Schmidt mit sich selbst, als ein schwarzer Schatten aus dem Straßengraben vor den LKW sprang.

Die Bremsen kreischten, gleichzeitig riß er das Lenkrad nach rechts, um das Unglück zu verhüten. Doch der Lastwagen schlitterte in einer Geraden auf der vereisten Straße weiter. Im ersten Augenblick glaubte er, daß es eine Kuh sei, dann ein Pferd, als es mit einem mächtigen Satz vor den LKW sprang, um über die Straße zu setzen. Da krachte es schon; mit der Stoßstange und mit dem linken Scheinwerfer mußte er es getroffen haben. Die Bremswirkung und der Anprall waren so wuchtig, daß er mit der Nase bis zur Windschutzscheibe kam, während sich ihm das Lenkrad in die Magenhöhle preßte. Alles geschah im Bruchteil einer Sekunde.

„Verdammtes Rindvieh!" murmelte er und stellte den Motor ab. Der Schreck war ihm tief in die Glieder gefahren, der Unfall kam so unerwartet, daß er im ersten Augenblick keiner Bewegung fähig war. Sein erster Gedanke war, jetzt heißt es da hocken, bis ein Fahrer vorbeifährt, um die Miliz zu verständigen. Es war sein zweiter Unfall in den dreißig Dienstjahren.

„Was hatte das Biest um Mitternacht hier zu suchen? Da gibt es doch nichts zu fressen?" brummte er und stieg aus dem Wagen. Durch den Zusammenprall war das Tier in den Straßengraben geschleudert worden. Vorsichtig bewegte er sich auf den schwarzen Klumpen zu. Herrgott! durchzuckte es ihn, es wird doch kein Mensch sein!

Zwei Augen glühten auf, und ein fürchterliches Gebrüll erfüllte die Nacht. Der Fahrer taumelte zurück, rutschte auf dem verharschten Schnee aus, fiel, sprang auf, war im nächsten Augenblick in der Fahrerkabine, drückte auf den Anlasserknopf, der Motor sprang an, und er raste davon.

„Was war das?" flüsterten die Lippen in einem fort.

Nach hundert Metern oder auch mehr verlangsamte er die Fahrt. Was war das gewesen? Er hielt den LKW an. Der Schrei klang ihm noch immer in den Ohren. Wut und Schmerz. Er sah die phosphoreszierenden Augen auf sich gerichtet, sie flackerten wie Kohlenfeuer, als ob ihn der Blick töten wollte.

Schmidt glaubte weder an Gott noch an den Teufel. Aber der Schrei, er kam weder vom Menschen noch vom Tier. Was war es jedoch, kein Mensch, kein Tier?

„Wie der Leibhaftige! Zum Kuckuck mit solchen Flausen!" flüsterte er. Schwarz wie die Nacht, glühende Augen, ein großer Schädel, Krallen, lang wie Dolche blitzten sie im Licht des Scheinwerfers.

Die Bilder wechselten wie bei einem Fieberkranken. Ein... ha, ein Bär war es! Aber ein Bär, jetzt im Winter, Mitte Januar...? Er überlegte weiter... doch ja, nur ein Bär konnte es gewesen sein!

Langsam setzte er den Lastwagen in Bewegung. Soll er zurückfahren, warten, bis eine andere Maschine vorbeifährt, den Fahrer ersuchen, die Miliz zu holen? Nein, das konnte stundenlang dauern. Auch grauste es ihn, allein zurückzufahren. „Im nächsten Dorf gibt es einen Milizposten, nur schnell, damit der verwundete Bär nicht noch ein Unheil anrichtet", sagte er laut vor sich hin.

Halt! Überlegte er von neuem. Nach einem Unfall mußt du warten! Ist das nicht Fahrerflucht? „Ach, Unsinn, ist ein außergewöhnlicher Fall", sagte er laut und fuhr los.

Der Revierförster, der Milizfeldwebel und Schmidt fanden zwei Stunden später einen mächtigen, todwunden Bären. Es blieb ihnen nichts anderes übrig, als ihn durch einen Fangschuß von seinen Qualen zu erlösen.

„An der Stelle, wo Sie den Unfall hatten, ist ein Wildwechsel", erklärte der Förster dem Chauffeur, „wo Bären und Wildsauen von einem Berghang über die Straße und den Altfluß auf die andere Seite hinüberwechseln. Meister Braun hatte das

Unglück, gerade dann über die Straße zu setzen, als Sie mit Ihrem LKW kamen."

Wie ist es jedoch mit dem Winterschlaf der Bären, wollte der Fahrer wissen. Da erzählte ihm der Förster, daß in den Jahren mit reichem Waldobst, Bucheckern, Eichelmast und einem leichten Winter die Bären ihren Winterschlaf unterbrechen und die Suche nach Fraß fortsetzen. Das trifft natürlich nur auf ein bestimmtes Jagdrevier oder Bergmassiv zu. So ein Fall ist hier im Alttal und der Umgebung eingetreten.

„Wir haben keine Warntafel angebracht", sagte der Milizfeldwebel wie zu seiner Entschuldigung, „da wir hier schon zwei Zeichen, eines wegen der Kurve und eine Tafel mit der Warnung wegen Steinschlags haben, eine dritte würde die Fahrer verwirren." Zum Förster gewandt, sagte er: „Wir müssen uns die Sache doch noch überlegen."

Der Neunzehnte

Jaulend fuhr der Wind über die Almhütte, drang in das morsche Schindeldach, das unter dem Ansturm ächzte. Wirbelnd fegte er durch das Rauchloch in die Hütte und trieb hier seinen Unfug. Die vom Rauch tränenden Augen reibend, setzten wir uns, mein Freund Mihai und ich, vor die Tür, auf einen Stapel Knüppelholz.

Von fliehenden Wolkenfetzen halb verdeckt, hob sich der Fichtenwald dunkel gezackt vom glühenden Abendhimmel ab.

Wiederkäuend lagen Schafe und Rinder hinter der Sennhütte. Die Hirtenhunde kauerten im Windschatten der Almhütte und warteten auf ihren Brocken Maisbrei. Da schlug plötzlich ein Rüde an, lief dann einige Schritte gegen den Fichtenbestand, doch bald schwieg er und drückte sich wieder gegen die schützende Wand der Sennhütte.

Drinnen saßen die Hirten um den dampfenden Maisbrei, aßen Käse und tranken Schafmilch dazu.

„Mihai", sagte ich zu meinem Freund, „du wolltest mir von deiner letzten Jagd erzählen, wie du den Hauptbären in der Nähe des Oituz-Passes erlegt hast."

„Ja, das habe ich dir versprochen, und ich will mein Versprechen auch halten; nur ist da nicht viel zu erzählen", sagte er lächelnd und strich sich mit der Hand über das dichte Haar, in dem schon die ersten Silberfäden glänzten. „Aber wie du willst. Wir haben ja doch nichts Besseres vor.

Es war im April des vorigen Jahres, als der Oberförster Dobrescu, der kleine Dicke, du kennst ihn ja, mich verständigte, daß zwei Bären die Bauernhöfe in der Gegend unsicher machen. Er habe auch einen Hochstand hergerichtet, schrieb er, und die Bärin mit einem Luder angelockt. Seit zwei Tagen kommt der stärkere der Bären regelmäßig seine Portion Pferdefleisch holen, ließ er mich wissen.

Am nächsten Tag, an einem Sonnabend, war ich zur Stelle. Ich wollte gleich am Abend ansitzen. Doch als ich mit dem Oberförster zum Hochsitz kam, stellten wir erstaunt fest, daß Meister Braun schon vor uns dagewesen war.

Es war ein feuchtkalter Tag, gegen Abend löste sich ein feiner Sprühregen aus den dichten Nebelballen, so daß der Bär früher als sonst kam, um sich sein Abendbrot zu holen. Trotzdem stiegen wir auf den Hochsitz, in der Hoffnung, daß vielleicht der zweite Bär den Luderplatz aufsuchen würde. Doch nachdem es dunkel wurde, das letzte Vogelgezwitscher verstummte und sich mit der Nacht Ruhe über den Wald legte, hörten wir, wie der Bär, kaum fünfzig Schritt entfernt, im dichten Unterholz sein Abendmahl verzehrte.

Eine recht schaurige Geschichte, dem Knochenbrechen zu lauschen. Was war passiert, warum kam der Bär nicht auf die Lichtung zum Luder? Meister Braun hatte beim letzten Besuch die Hälfte des Pferdekadavers abgerissen und in das Dickicht geschleppt, wo er sich sicherer fühlte. Oder wollte er es nur vor seinem Rivalen verstecken?

Vergebens blieben wir noch zwei Stunden in der Kanzel sitzen, er ließ sich nicht sehen. Auch war es schon zu dunkel, um einen sicheren Schuß anzubringen, darum stiegen wir herab und beschlossen, am nächsten Tag schon früher den Hochsitz zu besteigen."

Mihai machte eine Pause, zog die dichten Brauen zu einem schwarzen Strich zusammen und blickte hinauf zu den fliehenden Wolken, durch deren Lücken man schon den Abendstern blinken sah. In der Sennhütte war es ruhig geworden. Zwei Hirten hatten sich in ihre langen Schafpelze gehüllt und schnarchten, die drei jüngeren saßen mit dem Hirtenältesten in der Nähe der Tür und lauschten Mihais Erzählung.

„Am Vormittag", fuhr Mihai fort, „wurden alle verstreuten Knochen vom Waldhüter weggeschafft, und noch ehe sich die Sonne dem Gebirgskamm näherte, saßen wir von neuem in luftiger Höhe. Die Kanzel war in etwa sechs, sieben Meter Höhe angelegt. Wir hatten gutes Wetter. Auf einer trockenen Fichte hämmerte ein Buntspecht emsig nach Gewürm. Er machte uns nervös mit seinem lauten Klopfen. Die Zeit verging, der Abend kroch mit blauen, langen Schatten über die Lichtung. Nichts. Meister Braun wollte und wollte nicht kommen. Hatte er die Spuren des Waldhüters gewittert, witterte er uns, oder war er noch vom Abend vorher satt? Man kann eben nie mit Sicherheit sagen, um die und die Zeit kommt er. Es dunkelte schon; ich fing an, die Geduld zu verlieren. Da, ein leises Geräusch von geknickten Zweigen, mehr geahnt als mit dem Ohr wahrgenommen – der Abendwind brachte es zur Kanzel herauf. Bald tauchte ein roter Fleck zwischen den dunklen Fichten auf. Ich nahm das Zeissglas, ein starker Rehbock stand windnehmend am Waldrand, ruhig senkte er das Haupt, um zu äsen. Was war aber dort, zehn Schritt weiter? Wohl die Geiß? Nein, Reineke kam auf leisen Sohlen angepirscht. Das Luder lockte ihn an. Zuerst umschlich er den Pferdekadaver mißtrauisch, dann näherte er sich, um sein Abendbrot zu holen. Der Rehbock schien vom Fuchs keine Notiz zu nehmen, entfernte sich jedoch immer mehr vom Luderplatz.

Die Nacht senkte sich nun vollends über den Wald. Der Rehbock verschwand in der Finsternis. Reineke war nur noch ein grauer Schatten; die Bewegungen lösten sich im Dunkel auf. Da, ein neuer Besucher. Leises Tappen dem Hochsitz gegenüber. Trockenholz splitterte. Der Bär mußte es sein! ‚Uuf… uuf', klang es jetzt zu uns, wir hörten, wie er Wind nahm. Aber wo war er? Stand er nicht vierzig Schritt entfernt am Waldrand, neben der großen Fichte?! Nein, rechts davon bewegte sich ein Schatten; er kam auf das Luder zu, das wir an einen starken Pfahl angebunden hatten, damit der Bär es nicht wieder wegschleppen konnte.

Die Hand des Oberförsters legte sich auf meinen Arm. Kaum hörbar flüsterte er: ‚Warten, bis er am Luder ist.‘ Ich ging ihm mit der Expreßbüchse nach, doch die verdammte Finsternis, es waren Augenblicke, wo sich alles in Schwarz auflöste. Jetzt drehte der Bär mir die ganze Breitseite zu. In der Finsternis sah ich weder Kimme noch Korn. Langsam bog ich den Zeigefinger, die Expreßbüchse blitze auf, der Donner rollte nach. Schmerz- und Wutgebrüll zerriß die Nacht. Im ersten Augenblick sah ich nichts, da mich der Feuerstrahl geblendet hatte. Ich hörte nur noch das Krachen und Brechen im nahen Unterholz. Dichte Stille legte sich wieder über die Waldlichtung; nur unser erregter Atem am Hochstand war zu hören.

‚Getroffen‘, sagte der Oberförster und brannte sich eine Zigarette an. ‚Nur zu tief, er ging wie ein Gesunder ab.‘

‚Habe fast nichts gesehen‘, sagte ich kleinlaut.

Mißmutig stiegen wir von der Kanzel. So ein Pech, dachte ich. Nicht genug damit, daß wir schon den zweiten Abend ergebnislos auf dem Ansitz verbringen mußten, jetzt hab ich auch noch den Bären krankgeschossen, so daß er vielleicht in einem unwegsamen Dickicht verludert.

Der Oberförster schien meine Gedanken zu erraten, denn er versuchte mich zu trösten: ‚Morgen nehme ich mit Hasso die Schweißfährte auf, in einer halben Stunde haben wir ihn.‘

Wir gingen durch einen Hohlweg zum Forsthaus hinunter. Bald hatten wir die Talsohle erreicht. Was war das für ein Heidenspektakel? Am Forellenteich war der Teufel los. Die beiden Hunde des Försters mußten dort Wild gestellt haben. Da kam auch schon die Frau des Oberförsters gelaufen: ‚Kommt schnell‘, sagte sie außer Atem, ‚beim Fleisch am Fischteich ist ein Bär!‘

Wir rannten los. Der Oberförster löschte die Laterne und sagte mir, ich solle mich knapp hinter ihm halten. So tappten wir im Dunkeln vorwärts.

So ist es manchmal; wir suchen den Hauptbären drei Kilometer weit im dichten Fichtenforst, und er kommt der Oberförsterin einen Besuch abstatten."

„Gestern ging es doch auch uns so", unterbrach ich den Freund. „Wir erwarteten ihn unten bei den Schafen, und er stahl hier eine Kuh. Doch erzähle weiter!"

„Wir liefen, nachdem wir uns an die Finsternis gewöhnt hatten, auf der Straße, die sich hell vom dunklen Wald abhob, zu den Forellenteichen, die entlang des Baches in Kaskaden angelegt sind.

,Wenn jetzt nur kein LKW vorbeifährt', keuchte der Oberförster vor mir, ,der Bär muß der Straße ganz nahe sein.' Man hörte schon das hitzige Angehen der Rüden und das zornige Gebrumm von Meister Petz. Er war böse, daß ihn die Hunde nicht in Ruhe ließen.

Ich hatte im Laufen die Expreßbüchse von neuem geladen. Wir hatten uns dem Bären inzwischen auf etwa dreißig, vierzig Schritt genähert.

,Wir wollen ein wenig verschnaufen, dann vorsichtig näher gehen', flüsterte der Oberförster. Langsam pirschten wir uns an, nur daß jetzt ich voranging. Aber es war mehr ein Vorwärtstappen als ein Anpirschen auf der finsteren Straße. Während ich mich Schritt für Schritt dem Bären näherte, dachte ich, lieber verzichtest du auf die Trophäe, als daß du noch einen Bären anschweißt oder vielleicht einen Rüden des Oberförsters triffst. Aber kann man es lassen? Läßt alles zu Hause liegen, kommst in die Berge, sitzt stunden- und nächtelang in luftiger Höhe, wie eine Krähe im Nest, und hier hast du ihn vor dem Rohr! Wer bringt es da noch übers Herz, nicht aufs Züngel zu drücken?! So ging es auch mir! ,Auf die Hunde achten', flüsterte mir der Oberförster noch zu und blieb einige

Schritte zurück, um den Lärm der Annäherung nicht zu verdoppeln."

„Wird der Bär heute nacht nicht wiederkommen?" unterbrach der Hirtenälteste meinen Freund. Er war in die Tür getreten, um noch einmal nach dem Vieh zu sehen. Sein weißes Haar sah im fahlen Licht der wenigen Sterne, die durch die fliehenden Wolken blinkten, wie ein Heiligenschein aus.

„Nein, Moş Petre, die Kuh reicht ihm für einige Tage. Sie wissen es ebensogut wie ich, daß er nur so viel nimmt, als er zur Ernährung braucht. Er ähnelt in dem weder dem Wolf noch dem Menschen. Wir werden ihn morgen in seinem Sommerquartier aufsuchen, und Sie mit den Hirten werden uns dabei helfen."

„Ja, ja, Sie haben schon recht, als er uns vorige Woche am hellen Tag eine Färse nahm, blieb er drei Tage weg, der verdammte Räuber!" schimpfte der Alte mit dem Petrus-Gesicht.

„Nun will ich zum Schluß kommen", sagte Mihai, „denn morgen haben wir einen schweren Tag. Unsere Freunde, die Bergsöhne da, laufen auch drei Tage ohne Rast und ohne zu ermüden durch das Felsgewirr, während ich mich kaum noch auf den Beinen halte. –

Zum Glück erschien die Mondsichel über dem Bergrücken, und ich sah den Bären, wie er vom Fleische, das für die Forellen bestimmt war, fraß und die beiden Rüden abwehrte. Er war mit der Mahlzeit und den angreifenden Hunden so beschäftigt, daß er unser Herannahen nicht vernahm. Es ist ja auch bekannt, daß die Bären nicht besonders gut äugen. Vernehmen konnte er uns auch nicht, weil die Rüden, die uns gespürt hatten, mit noch mehr Eifer auf ihn losgingen. Wie schon gesagt, war die Sicht nicht schlecht, der reflektierende Wasserspiegel kam mir noch zu Hilfe. Nur die raschen Bewegungen der wütend angreifenden Rüden störten mich beim sicheren Zielen. Einigemal setzte ich wieder ab, lieber wollte ich auf den Bären verzichten. Es riß mächtig an meinen Nerven.

Aber die Rüden schienen meine Absicht erraten zu haben, sie zogen sich für einen Augenblick zurück, und das genügte. Zwei Schüsse knallten kurz nacheinander, und der Bär sackte in sich zusammen. So erzählte es mir der Oberförster später, denn ich war vom Feuerstrahl so geblendet, daß ich einige Augenblicke nichts sah. Dann sprang der Bär auf; die Rüden stürzten von neuem auf ihn, um ihn an der Flucht zu hindern. Ein Prankenhieb erwischte Hasso. Der arme Rüde flog in großem Bogen davon. Die Büchse war rasch geladen, von neuem peitschten zwei Schüsse durch die Nacht, und der Bär lag hingestreckt, nur mit den messerscharfen Krallen zersplitterte er den trockenen Stamm einer Fichte."

„Dein zwanzigster Bär war es, sagst du?"

„Der neunzehnte. Wenn wir morgen Weidmannsheil haben, wird es der zwanzigste!"

In der Sennhütte war es still geworden. Moş Petre war von seinem Kontrollgang zurückgekehrt. Nach und nach verstummte das Gebell der Hunde. Auch die schläfrigen Glocken der Leitkühe bimmelten immer seltener. Der Hirtenälteste hatte sich, in seinen langen Pelz gehüllt, neben der Glut des heruntergebrannten Feuers niedergelegt. Mihai und ich zogen es vor, anstatt auf der Knüppelpritsche auf einem Lager von frischem Fichtenreisig in unsere Schlafsäcke zu schlüpfen.

Tiefe Ruhe legte sich über die Sennhütte. Nur der nahe Fichtenwald rauschte eintönig.

Beschattet

Es war Ende April, als ich im Harghita-Gebirge auf einen Auerhahn jagen wollte. Wir brachen am Vormittag von der Arbeitersiedlung auf, die sich auf dem Plateau des ehemaligen Luftkurortes erstreckt. Mit Oberförster Pogány, einem mittelgroßen, sehnigen Fünfziger, stieg ich den steilen Hang gemächlich hinan, da wir bis zum Abend genügend Zeit hatten, zur Jagdhütte zu gelangen. Der berggewohnte Oberförster mußte öfter auf mich warten. Um mir den Aufstieg zu erleichtern, erzählte er mir so manches Wissenswerte über den Auerhahn.

„Interessant an dem so geheimnisvollen Vogel ist die Tatsache, daß er immer wieder zu demselben Balzplatz zurückkehrt. Jahr für Jahr treffen sich die Hahnen dort und vollführen vor den Hennen ihre Liebespirouetten. Inmitten der Natur bestrickt uns der Hahn mit seiner wunderbaren Tanzkunst, daß es kein Wunder ist, wenn mancher vergißt, aufs Züngel zu drücken. Und", setzte er versonnen hinzu, „die es vergessen, sind nicht die Schlechtesten unter den Jägern."

Auf der Nordseite des Bergmassivs stießen wir auf große Schneeflächen, aus denen wie aus einem Netz von feinen Äderchen das klarste Wasser hervorrieselte. Trotz der dünnen, vereisten Schneedecke, die der Winter noch immer ausgebreitet hielt, stießen die prächtigen blauen Blüten des Enzians zur Sonne durch.

Am späten Nachmittag gelangten wir zu der unweit des Balzplatzes gelegenen Hütte. Hier sollten wir unsere erste Überraschung erleben. Die schweren Schneemassen des langanhaltenden Winters hatten das Dach eingedrückt und das Innere der Hütte unter Wasser gesetzt, so daß es nicht möglich war, da zu übernachten.

„Ein Glück, daß wir unsere Pelze mitgebracht haben", brummte Pogány mißgestimmt. Entschuldigend fügte er hinzu: „Wer hätte je gedacht, daß die Hütte einstürzen wird! Ich habe doch viele Jahre hindurch im Frühjahr bei der Hahnenbalz oder im Herbst während der Hirschbrunft in ihr übernachtet. Im letzten Herbst wurde das Dach sogar repariert – und nun diese Bescherung!"

Wir beschlossen, unsere Schlafstelle unter einer vom Wind geschützten mächtigen Tanne einzurichten. Dumpf klangen die kurzen Axtschläge Pogánys, der zottiges Astwerk abhieb. Das weiche Geäst wurde auf den Nadelteppich gelegt, und unser Himmelbett war fertig. In der Nähe sprudelte eine Quelle, bald summte der Teetopf und machte uns das trockene Abendessen mundlicher. Nun schien mir, als ob der Zwischenfall mit der Jagdhütte auch seine angenehme Seite hätte: In frischer Luft ließen wir es uns recht gut schmecken. Den sonst so gesprächigen Oberförster hatte jedoch das eingestürzte Dach der Hütte kleinlaut werden lassen.

Kaum war das letzte Sonnengeflimmer auf dem gegenüberliegenden Kahlschlag erloschen, fuhr ein heftiger Wind durch den Tannenwipfel, schwoll immer mehr an, kam bis tief herunter, und eisige Kälte kroch uns in die Glieder. Jetzt erst verstand ich die üble Laune des Oberförsters. Lange konnte ich nicht geschlafen haben, denn ich fuhr, von Windstößen geweckt, hoch und fühlte etwas Schweres auf meinen Füßen liegen. Der Oberförster hatte seinen Pelz über mich gebreitet. Er selbst saß neben dem Spirituskocher und schlürfte heißen Tee, um sich zu erwärmen. Kurz nach Mitternacht mußte es sein. Grimmig blies der Wind über uns hinweg und ließ die Bäume ächzen. Eng aneinandergedrückt, erwarteten wir den Morgen. Zweimal hörten wir ganz in der Nähe schweres Brechen im dichten Unterholz, doch konnte man in der tiefen Finsternis keine zwei Schritt weit sehen. So verhielten wir uns ruhig. Eine Nachteule flatterte erschrocken auf und schattete in den nahen Kahlschlag hinüber.

Während wir noch einen heißen Tee tranken, begann der Oberförster wieder zu erzählen. Er sprach leise, schaltete oft längere Pausen ein. Es schien eher ein Selbstgespräch über die Vergänglichkeit des Lebens zu sein, dabei ließ er wie ein Leitmotiv seine Verbundenheit mit der Natur aufklingen, mit der Bergwelt, in der er den größten Teil seines Lebens verbracht hatte.

„Oft ist es nicht leicht, mit der unberechenbaren Witterung hier im Hochgebirge fertigzuwerden. Aber gerade diese harte, unerbittliche Natur mit ihren Überraschungen und Schwierigkeiten zieht mich immer wieder an. Es geht nicht anders. Ist der Aufstieg noch so schwer, die Kälte in schlaflosen Nächten noch so grimmig, ich komme immer wieder. In den letzten Jahren packte mich ein seltsames Gefühl, wenn ich die alten Jagdplätze besuchte. Ich erkannte einen Baum, eine eingefallene Hütte, einen Wildwechsel, bei denen ich gerastet oder, in meinen Pelz gehüllt, durchfroren angesessen hatte. Es scheint mir, als ob seither nur kurze Zeit verstrichen wäre. Die Stunden äußerster Spannung und regloser Stille, wie man sie nur hier oben findet, prägen sich einem tief ein." Versonnen blickte der Förster vor sich hin und fügte leise hinzu:

„Trotz Verdruß und Enttäuschung, die mir die Jagd gebracht hat – meine erste Frau lief mir mit dem Kind davon, weil ich meist draußen in den Bergen war –, komme ich immer wieder zu den vertrauten Plätzen zurück; genauso wie es die alten Auerhahnen tun, die immer wieder zu ihren Balzplätzen zurückfinden."

Beim matten Flämmchen des Teesieders sah ich, wie ein wehmütiges Lächeln um seine strengen Mundwinkel spielte.

„Nun ist es Zeit aufzubrechen!" mahnte er. Nach dem kleinen Imbiß und noch einem Becher heißen Tees gingen wir beim Schein der Taschenlampe durch den Windbruch dem Balzplatz zu.

„An der fast schneefreien Südlehne hat mein Gehilfe einige Schlafbäume ausfindig gemacht", flüsterte mir der Oberförster zu, während er mir half, über die vom Sturm gefällten Bäume zu turnen. Wie ich merkte, war der „Hochzeitsplatz" an der obersten Grenze des Waldes gelegen, dort, wo die Bäume nicht mehr so hoch wuchsen, sich aber wegen der immer wiederkehrenden Stürme kräftig entwickelten, knorrig und dickstämmig waren.

Wir näherten uns der Lichtung. Pogany deutete mir mit einer Handbewegung an, daß wir vorsichtig auftreten mußten. Ringsum herrschte tiefe Stille. Am Rande des Waldes blieb er stehen und winkte mich heran. Blaue Schatten von Zwergfichten und Heidelbeergestrüpp, die ich wegen der Dunkelheit nicht genau erkennen konnte, lagen zwischen mattleuchtenden Schneeflächen. Stumm wies der Oberförster auf eine Baumreihe, die rechts vor mir stand. Die schwarzblauen Silhouetten hoben sich vom sternenübersäten Himmel klar ab. Ich nickte Pogany zu, denn ich wußte, daß er die Standbäume meinte, auf denen sich die Auerhahnen am Vorabend eingeschwungen hatten. Dann wies er zum südlichen Zipfel der Almwiese hin, wo er sich anstellen wollte. Eine Weile lauschte ich noch seinem schleichenden Schritt, dann lag wieder dichte Stille über dem nächtlichen Wald. Fest in den Pelz eingehüllt, setzte ich mich auf die Wurzel einer Tanne und harrte gespannt auf den Augenblick, da der zur Hochzeit festlich geschmückte Hahn auftauchen und mit dem Einspielen beginnen sollte.

Nichts regte sich; vom Wind war nur ein leises Raunen aus den Tannenwipfeln zu vernehmen. Hinter meinem Rücken zirpte verschlafen ein Buchfink. Meine Gedanken schweiften weit ab. Mit einemmal war ich wieder ganz Ohr: Stand dort oben auf dem knorrigen Ast nicht ein Auerhahn? Gewiß, ich täuschte mich nicht. Jetzt reckte er den Stingel und bewegte lässig die Schwingen. Angestrengt lauschte ich, ob nicht der leise Balzgesang des Hahnes zu vernehmen war. Statt dessen zirpte ein aufgescheuchter Buchfink und flatterte davon. Nun antworteten ihm mit munterem Gezwitscher die erwachenden Meisen. Unwillig wünschte ich sie diesmal zum Kuckuck, da ich ihretwegen meine Auerhahnen nicht hören konnte.

Unmerklich hellte sich das Firmament im Osten auf. Die Konturen der Tannen hoben sich dunkel vom silbrigen Himmel ab und jetzt stellte ich fest, daß der vermeintliche Hahn ein Trugbild meiner Phantasie gewesen war. Er entpuppte sich als ein gefächerter Tannenzweig. Im zweiten Baum rechts raschelte es. Stand dort vielleicht ein Hahn? Doch! Leiser Balzgesang klang auf, der gurgelnde Unterton und das Schleifen. Etwas näher mußte ich an ihn heran, solange er wetzte. Zwei, drei Sekunden konnte ich mich anpirschen. Mit klopfendem Herzen tat ich drei, vier Sprünge und blieb dann regungslos stehen. Der verliebte Sänger kam in Schwung, das Glöckeln ging in den Triller über. In diesem Augenblick der höchsten Spannung tauchte alles andere für mich unter: Ich hörte weder die Meisen, die Buchfinken noch die Amseln, die vom Wipfel der nächsten Tanne ihre einschmeichelnden Laute in den Morgen schickten. Für mich war nur noch der schleifende Auerhahn da. Wo stand er bloß? Vergebens reckte ich mir den Hals nach ihm aus. Die Augen brannten wie Feuer, doch vom verliebten Minnesänger war nichts zu sehen. Plötzlich stockte mein Atem: Schwingenschlag, Rauschen und ein Schatten schwebte über der Lichtung. Eine Henne ist abgebaumt, dachte ich. Oder sollte mich der Hahn wahrgenommen haben? Nein, denn er sang weiter, und von der Alpenmatte herüber klang verführerisch der Lockruf der Henne. Nun waren es nur noch einige Schritte bis zu dem Baum, auf dem der balzende Hahn stand. Und ich hatte ihn noch immer nicht entdeckt. In höchster Erregung schlich ich um den Baum herum: Drei, vier

Schritte tat ich und verweilte. Plötzlich ein Knacken und Brechen der Zweige in meinem Rücken. Verdammt noch mal! schimpfte ich in Gedanken vor mich hin, gerade jetzt muß Pogány kommen. Warum bleibt er denn nicht auf seinem Standplatz? Ich wage nicht, den Kopf zu bewegen, da mein Sänger wieder schweigt. Wo mag er sein? „Klack, klack!" Hoch oben erblicke ich ihn mit gesenkten Schwingen, den Stingel vorgestreckt und den Stoß weit gefächert. Die ersten Lichtstrahlen der aufgehenden Sonne schillern in seinem Gefieder. Er ist es! Welch ein Anblick! Erleichtert atme ich auf. Noch einen Augenblick, und der Auerhahn wird von neuem seine Arie erklingen lassen. Dann gehört er mir!

Das Brechen hinter mir wurde stärker; tappende Schritte näherten sich. Der Oberförster wird mir noch den Hahn vergrämen, dachte ich verärgert. Schon im nächsten Augenblick durchfuhr es mich aber wie ein Blitz. Ich fühlte, daß mir vom Walde her Gefahr drohte. Jetzt wußte ich es genau. Es ist nicht Pogány, der hinter meinem Rücken steht! Was sollte ich bloß tun? Dem Hahn unter die blutrote Rose zielen und aufs Züngel drücken oder mich umwenden? Ich spürte einen brennenden Blick im Nacken. Von neuem ertönte das „Klack klack", dann folgten der Triller, das „Entkorken", also der Hauptschlag, und das Wetzen.

Heute noch weiß ich nicht, warum ich nicht zuerst Funken riß, sondern mich instinktiv umwandte, die Doppelflinte schußbereit in der Hand. Herrgott, ein Bär! durchfuhr es mich. Ein Sprung, und ich war schon hinter dem nächsten Baum, die Flinte im Anschlag. Der Bär richtete sich auf, brüllte böse, daß es mir wie Donner klang. Und schon war er im dichten Unterholz verschwunden. Aus Angst schickte ich ihm zwei Schüsse nach. Was aber konnten die Schrote einem ausgewachsenen Bären anhaben?! Eine Weile hörte ich noch sein zorniges Brummen, das Brechen und Splittern im Dickicht, wohin der massige, schwarze Körper verschwunden war.

Mit erschrockenem lautem „Gog, Gog" flatterten die Hennen davon, während der Hahn noch ein zorniges „Korockokocko" ausstieß und mit kräftigem Schwingenschlag ebenfalls im dichten Tannenhorst verschwand.

Als später der Oberförster zu mir kam und wir der Fährte des Bären nachgingen, stellten wir fest, daß Meister Petz unseren Fußspuren über hundert Meter im Schnee gefolgt war und hinter meinem Rücken am Waldrand verhalten hatte. Sollte er mich beobachtet haben? Oder hatte ihn der Hunger so nahe herangetrieben? Was wäre geschehen, wenn ich auf den Hahn geschossen und der Bär den Schuß als einen Angriff gedeutet hätte?

Págany schwieg. Nach einer Weile sagte er: „Schade um den starken Hahn!"

Ruhige Nerven

„Laßt euch nur nicht von seinem plumpen Aussehen, seinen schwerfälligen, tolpatschigen Bewegungen täuschen. Ihr habt es nicht mit einem gutmütigen, kurzsichtigen Onkel zu tun. Meister Petz ist blitzschnell im Angriff. Man kann auch nie wissen, was er im Schilde führt. Seht" – Förster Huber, ein Sechziger mit weißem Haar und grauer Gesichtsfarbe, machte eine Pause, klopfte die Asche aus seiner Pfeife, stopfte sie von neuem und paffte blaue Ringe in die rauchschwangere Luft; in Gedanken versunken sprach er mehr für sich als zu den Jägern, die seinen Worten lauschten –, „ich bin schon fast ein halbes Jahrhundert hier tätig, aber so viele Bären, wie wir jetzt in unseren Revieren haben, gab es früher nicht. Darum müssen wir bei der morgigen Jagd äußerst vorsichtig sein. Dieser brummige Einsiedler ist von unbeständigem Charakter, ist er satt, in guter Laune, läßt er uns in Ruhe, hat er aber eine schlechte Verdauung, ist er hungrig oder überhaupt schlecht aufgelegt, kannst du einen Prankenhieb bekommen, der dich fürs Leben zeichnet."

„Wir wollen doch morgen Schwarzkittel jagen, warum sprechen Sie von Bären?!" In den Augen Opreas, des jungen Ingenieurs, blitzte die Abenteuerlust. Man sah es ihm an, daß er morgen, wenn ein Bär vor seinem Stand aufkreuzte, schießen würde. Der alte Huber kannte die jungen Springer aus eigener Erfahrung.

„Eben darum", aus der Fistelstimme des Försters hörte man die Spottlust. „Ihr habt keine Abschußgenehmigung, und ich habe keinen Krankenwagen da. Darum wollen wir morgen aufpassen, wenn Meister Petz einem von uns vors Rohr kommt." Dabei wandte er sich dem Ingenieur zu.

„Was soll ich aber tun, wenn so ein Kerl von sechs oder acht Zentnern auf mich zukommt?" Der Ingenieur sah den Förster herausfordernd an und strich sich mit dem Zeigefinger der linken Hand über den schmalen Schnurrbart. „Ich kann doch nicht warten, bis er mich skalpiert." Dabei schüttelte er sein dichtes, schwarzes Haar, als ob er schon die Krallen des Bären darin fühlte.

Förster Huber lächelte: „Nichts, gar nichts werden wir tun, nur fein ruhig dastehen, bis er vorbei ist." Als er den unruhigen Blick Opreas sah, fügte er erklärend hinzu: „In den meisten Fällen wittert er den Menschen beizeiten, er kommt also nicht in Schußweite, sondern geht dem Jäger aus dem Wege. Wittert er uns wegen des Windes nicht, so machen wir ihm ein Zeichen, daß wir auf seinem Wechsel sind, damit er beizeiten abbiegt. Nun, wer gute Nerven hat, kann ihn ja auch auf zwei, drei Meter vorbeilassen. Ich rate es jedoch niemandem."

Der Ingenieur schwieg und strich mit selbstsicherer Miene über das Schnurrbärtchen; sein Freund, der Oberbuchhalter Danciu, sah etwas verwirrt auf Huber.

„Na, alter Schlauberger, hast den Jungen einen tüchtigen Schreck eingejagt", unterbrach Jagdmeister Popa das Schweigen. Da protestierten die beiden, sie hätten keine Angst, nur sei ihnen das alles so neu.

„Schon gut", winkte Popa ab. „Ich habe auch noch keinen Jäger gesehen, der Angst hatte; das Zittern in Händen und Füßen kommt nur von der Jagdleidenschaft. Glaubt ja nicht, daß ich ironisch werde." Huber blinzelte dem Jagdmeister zu

Verdammt, dachte Popa, anstatt die Gemüter aufzuheitern, schütte ich noch Benzin aufs Feuer. Die Jungen kommen genau wie ich zur Jagd, um auszuspannen, nicht, um übermorgen mit überreizten Nerven in den Dienst zurückzukehren.

„Es ist klar, Jungs, unser Bär geht, genau wie alles Raubwild unseres Landes, den Menschen aus dem Wege, wenn er nicht angeschossen wird oder den Eindruck hat, er werde angegriffen. Natürlich gibt es auch Ausnahmen, doch die sind selten. Um euch das zu beweisen, will ich einige meiner Erlebnisse mit Bären erzählen."

„Noch nicht!" rief der Förster von der Tür her, „ich will erst sehen, ob das Bier schon die richtige Temperatur hat." Die Jäger hatten die Bierflaschen an der Quelle ins Wasser gestellt.

Während sie aßen und Bier tranken, erzählte Popa: „Es war im Harghita-Gebirge, in der Nähe von Vlahița, wo ich vor etlichen Jahren meinen Urlaub verbrachte. Ich hatte bis dahin schon Bären in freier Wildbahn angetroffen, auf Bären- oder Schwarzkitteljagden, auf Almwiesen oder in Kahlschlägen, aber so nahe war ich noch keinem gekommen. Natürlich wußte ich auch, wie man sich bei einem Zusammentreffen mit Meister Petz zu benehmen hat, um keinen Argwohn bei ihm hervorzurufen. Nur ist es eins, mit geladener Büchse auf den Bären zu warten oder ihn durch das Zeissglas auf einige hundert Schritt zu beobachten, und was anderes, plötzlich drei, vier Schritte von ihm zu stehen, seine wilden Seher auf sich gerichtet zu sehen und den Raubwildgestank in der Nase zu spüren.

An einem warmen Sommernachmittag kam ich aus dem Forsthaus und wollte mir im nahen Windbruch direkt von den Himbeersträuchern den Nachtisch holen.

Auf halbem Weg zu den Himbeeren fiel mir ein, daß der Förster am vorigen Abend erzählte, es treibe sich ein Hauptbär in der Gegend herum, der vor einigen Tagen einem Waldhüter die Kuh weggeschleppt hatte. Sollte ich umkehren und die Büchse holen? Ach, dachte ich, der Räuber wird doch nicht am hellen Tag, hundert Schritt vom Forsthaus, Beeren naschen. So ging ich weiter, kam zum Windbruch und suchte nach den schönsten sommerreifen Beeren, die mich mit ihrem leuchtenden Rot immer tiefer in das Gewirr von gefallenen Baumriesen und Himbeergestrüpp lockten.

Ich staunte über die verschwenderische Fülle unserer Karpatenflora, dabei bahnte ich mir einen Weg durch das Dickicht, um zu den schönsten und reifsten Beeren zu gelangen. So kletterte ich über eine gestürzte Weißbuche, rutschte auf der anderen Seite hinunter und kam zwischen Brennesseln, Himbeer- und Brombeerbüschen zu stehen. Wie ich aufschaute, stand ich einem kapitalen Bären gegenüber. Etwa drei, vier Schritte von ihm entfernt. Er hatte es auf dieselben rotleuchtenden Himbeeren wie auch ich abgesehen. Die Überraschung war gegenseitig. Wie er sich dabei fühlte, kann ich auch heute nicht sagen. Mir verschlug sie den Atem. Die Angst, warum soll ich es nicht gestehen, ließ mich stillstehen, nur das Herz klopfte mir wild gegen die Rippen. Soll es der Schlagbär sein, der vor einigen Tagen die Kuh des Waldhüters schlug, wegschleppte und lebend zerriß? Die Gedanken wirbelten mir wie verrückt durch den Kopf. Wie lange wir uns gegenseitig in Atemnot anstarrten, weiß ich nicht. Waren es ein, zwei Sekunden oder mehr? Nur keine Bewegung, dachte ich, die er als einen Angriff deuten könnte. Um ehrlich zu sein, fühlte ich mich etwas schwach in den Beinen. Wenn mich nicht der Raubwildgestank in der Nase gekitzelt hätte, würde ich es für ein Spiegelbild meiner Phantasie oder der warmen Augustsonne, die alles in flimmerndem Licht schwimmen ließ, gehalten haben.

Ich machte einen Schritt zurück, ohne ihn aus den Augen zu lassen, schwang mich über den Baumstamm, stürmte durch den Windbruch, fiel hin, riß mir die Hände wund, war blitzschnell wieder auf den Beinen und lief weiter. Erst am Waldrand blieb ich stehen, blickte zurück. Was denkt ihr, was ich sah? Der Bär lief genauso wie ich, nur in entgegengesetzter Richtung, davon. Mit dem Unterschied, daß er mit einem Sprung gleich zwei gestürzte Baumriesen nahm.

Das will nicht heißen, daß jeder Bär, dem wir begegnen, vor uns Reißaus nimmt. Als ich dem Förster meine Begegnung mit dem Bären erzählte, sagte er, daß es wahrscheinlich nicht der Karnivore, sondern ein anderer, schwächerer Petz war, von dem er mir noch eine interessante Geschichte erzählte. Ich will sie so wiedergeben, wie ich sie von ihm gehört habe."

„Da hast du aber Glück gehabt! Wird eben ein junger Kerl gewesen sein, der noch keinen Menschen gesehen hatte." Der knurrige Alte wollte den selbstsicheren jungen Jägern wenn nicht Angst, so doch Respekt vor dem Ursus arctos einflößen. Der Jagdmeister hatte nichts dagegen, aber nicht auf seine Kosten. Der Alte sah den wütenden Blick, den ihm Popa zuwarf, nun versuchte er einzulenken.

„Prosit, nichts für ungut!" Huber hob das Glas und kam auf Popa zu.

„Wollen Sie nicht auch die zweite Geschichte erzählen?" bat Danciu.

„Gerne, doch nicht, bevor ich unseren Förster überzeugt habe, daß es kein Jungbär, sondern ein ausgewachsenes, vielleicht fünf, sechs Jahre altes Exemplar war."

„Erzähle nur", lenkte auch Huber ein, dabei klopfte er Popa freundschaftlich auf die Schulter. „Das Alter von deinem Petz wollen wir später bestimmen, vielleicht bringst du neue Anhaltspunkte."

„Ich denke, es ist nicht wichtig, ob der Bär ein oder zwei Jahre jünger war", nahm der Ingenieur den Faden wieder auf.

„So, so", hakte der brummige Alte gleich ein. „Möchte mal sehen, ob der Prankenhieb von einem drei Zentner schweren Muskelpaket oder von einem sechs Zentner schweren derselbe ist."

Popa wollte dem Förster schon auf gleiche Weise antworten, doch beherrschte er sich. Der Alte war ja gar nicht so, wie er sich gab, er versuchte nur sein Leid hinter der Kratzbürste zu verbergen.

„Es trug sich vor einem Jahr im selben Revier, im Harghita-Gebirge zu, so erzählte mir der Förster", fuhr Popa fort. „Auf halbem Weg zwischen dem Forsthaus und dem nächsten Dorf gibt es einen Kahlschlag, wo seit Jahren die schönsten Himbeeren wachsen. Die Frauen und Kinder der Bergbauern sammelten hier die reifen Beeren für sich wie auch für die Lebensmittelindustrie, die für die großen und frischen Beeren gute Preise zahlte.

Es war an einem Sonnabend, er machte seinen Kontrollgang. Als er näher kam, hörte er anstatt des Gesangs und der lustigen Rufe der Mädchen und Frauen ängstliche Schreie: ‚Lauft, ein Bär kommt!' – ‚Wo, wo ist er?' riefen andere. – ‚Vom Wald oben kommt er!' Der Förster blieb stehen und schaute nach dem Bären aus. Von der Stelle, wo er stand, konnte er ihn nicht sehen. Deshalb lief er auf einen kleinen Hügel am Rande des Kahlschlags hinauf. Jetzt sah er, wie die Frauen, Mädchen und Jungen die Lehne heruntergelaufen kamen. Auch den Bären konnte er gut sehen, er hatte es nicht eilig, dabei kümmerte er sich überhaupt nicht um das Geschrei der Menschen. Er ging von Strauch zu Strauch. Unbeholfen zog er mit der Pranke die Beerenbüschel in den Fang. Da er oben nicht genug von den saftigen Beeren fand, kam er immer tiefer herunter.

Da sah der Förster eine interessante Szene, die ihm für immer im Gedächtnis blieb. – Wenn ihr jedoch weiter hören wollt, reicht mir eine Flasche Bier. Mein Rachen ist trocken wie der Wüstenwind." Nachdem Popa getrunken hatte, erzählte er weiter. „Eine Frau wollte von der rechten Ecke des Kahlschlags quer herüberlaufen, dabei traf sie auf den Bären. Als sie Meister Petz sah, fiel sie vor Schreck auf den Bauch. Das Butterschaffel mit den Himbeeren flog davon. Als sie aufsprang und schreiend davonlief, ließ sie es liegen. Der Bär sah ihr nach. Der Förster erzählte, er habe den Eindruck gehabt, der Bär schüttele mißmutig den Kopf, weil sie so schrie, als ob er sie schon am Kragen hätte. Dann ging er zum Schaffel, beschnupperte es und versuchte den Fang hineinzustecken, um die Himbeeren herauszukriegen. Er versuchte es einmal, zweimal, dabei stellte er das Schaffel auf; er streckte die Zunge heraus, schmatzte, aber es wollte ihm nicht gelingen, die Beeren herauszubekommen. Dann setzte er sich auf die Keulen, als ob er nachdenken wollte, wie er es anstellen sollte. Ein drolliges Bild. Nun faßte er das Schaffel mit beiden Pranken, hob es hoch und ließ die Beeren in den offenen Fang gleiten. Dem Förster blieb vor Staunen der Mund offen. Soviel Vernunft oder Geschicklichkeit hätte er dem Bären nicht zugetraut. Ein Teil der Himbeeren ging daneben, er ließ sie im Gras liegen, bis er das Schaffel geleert hatte. Man konnte ihn schmatzen hören. Als er noch zweimal das Schaffel mit dem Boden nach oben gehalten hatte und dabei nichts mehr herauskam, nahm er behutsam die Beeren auf, die über den Boden verstreut waren. Mit herausgestreckter Zunge verschlang er genießerisch die saftigen Früchte. Erst dann trollte er wieder in den Wald. Nach der Meinung des Försters hatte der Bär schon das Reifealter, also vier Jahre überschritten."

„Eine köstliche Geschichte", sagte Danciu begeistert.

„Ihr fragt euch nun vielleicht, wie es kommt, daß der Bär, der eigentlich, wie alle Raubtiere, ein Nachtleben führt, so oft am hellen Tage angetroffen wird. Es scheint, daß nur die Vegetarier unter den Bären öfters bei Tag gesehen werden, da sie mehr Fraß, Beeren, Wildobst, Pilze usw., zu sich nehmen müssen, ihnen aber die Nacht, die im Sommer kurz ist, zur Suche nach Fraß nicht genügt.

Doch der größere Teil der Bären schläft am Tage und geht nachts auf Suche nach Fraß. Je finsterer die Nacht, desto sicherer fühlt sich der Bär", schloß Jagdmeister Popa seinen Bericht.

„Dann ist der Karpatenbär nicht so gefährlich, wie man oft

hört", sagte der Ingenieur mit einem vielsagenden Blick auf Förster Huber.

„Das habe ich nicht...", der Alte unterbrach Popa.

„Wenn ich dir noch lange zuhöre, machst du aus unserem Braunbären noch ein altes Marktweib, das an der Straßenecke Pilze verkauft. Jetzt hör mal zu, wie ein Bär im vorigen Herbst in Borlowa den jungen Dobrin zugerichtet hat. Nur einen Augenblick – wir haben noch vier Flaschen Bier im Kühlen."

Aug in Auge

Schirmend legte der alte Förster Neagu seine Hand über die Augen und blickte zum Gipfel empor, dann wandte er sich zu uns um.

„Nein, heute ist kein Wetter, um den Vîrful Pietrii zu überqueren. Zu eurem Bären kommt ihr auch morgen. Bleibt nur schön hier; wenn das Unwetter vorbei ist, habt ihr noch immer Zeit aufzubrechen."

„Warum nicht jetzt, Moş Neagu?" drängten meine beiden Jagdgefährten.

„Hm", der Förster zog seine buschigen Augenbrauen hoch, „seht ihr denn nicht, wie der Alte ins Ofenloch bläst und dunklen Rauch aufsteigen läßt? Es dauert keine Stunde, und dort oben ist die Hölle los. Oder meint ihr, daß ich vergebens ein halbes Jahrhundert neben dem Zinngrauen dort oben verbracht habe?"

Wir blickten einander fragend an. Keiner von uns hatte Lust, naß bis auf die Haut, zähneklappernd die Nacht in der Jagdhütte zu verbringen.

„Gut", sagte ich, „wir bleiben; aber nur bis das Gewitter vorübergezogen ist und unter einer Bedingung", dabei blickte ich zu Moş Neagu hinüber: „Ihr müßt mit uns vom goldgelben Selbstgebrannten trinken und ein Erlebnis aus den Bergen erzählen!"

Über das hagere, von tiefen Falten durchfurchte Gesicht des Försters huschte ein zaghaftes Lächeln, das den düsteren Ausdruck etwas aufhellte. Seit dem Tode seiner Frau war aus dem lebenslustigen Alten ein verschlossener Einsiedler geworden.

Darum freute es mich, daß wir noch ein Stündchen mit ihm plaudern konnten.

Von der offenen Veranda des Forsthauses sahen wir bald den Gipfel hinter schwarzen Wolkenfetzen verschwinden. Wolfsgraue Nebelschwaden jagten über die Berghänge und ließen sich in den zerklüfteten Tälern nieder. Von oben grollte der erste Donner. Während der Wind große Regentropfen gegen die Fensterscheiben peitschte, ließen wir uns im Gastzimmer mit seinen Trophäen häuslich nieder. Über die Landschaft senkte sich abendliche Dämmerung.

Nach zwei Gläschen Doppeltgebranntem fühlten wir uns selbst in der Gesellschaft dieser präparierten Wolfs- und Wildsauenköpfe recht wohl und lauschten Moş Neagu, der mit seinem heiseren Baß zu erzählen begann.

„Eines Tages mußte ich hinüber zum Osthang, um dort einen Platz für den Bau einer Jagdhütte zu suchen. Ich mochte wohl in deinem Alter gewesen sein", wandte er sich meinem Freund Penz zu, der der Jüngste unter uns war. „Wie immer, nahm ich den Stutzen und einige Stahlmantelpatronen. Bevor wir aufbrachen, sagte ich zu meinem Gehilfen Franz, er solle mit dem Gepäck für zwei Tage nachkommen. Damals hatte ich mit den unberechenbaren Launen des Wetters noch nicht Bekanntschaft geschlossen", sagte Moş Neagu mit flüchtigem Lächeln.

„Ungefähr eine halbe Stunde hatte ich noch bis zum Gipfel, da rollte dichter Nebel vom Kamm herab. Langsam stieg ich weiter, kannte ich doch den Weg wie meine Westentasche. Der Nebel wurde aber so dicht, daß ich die Hand vor den Augen nicht sehen konnte. Rasch überlegte ich, was zu tun war: Umkehren konnte ich nicht, weitergehen auch nicht. Also schnell ein geschütztes Plätzchen suchen. Da klatschten auch schon die ersten Regentropfen auf mich herab. Ihr wißt doch, wie das ist, wenn einem das Wasser unterm Hemd den Rücken hinabrinnt. Es blieb mir nichts anderes übrig, als mich neben einem

Felsen niederzusetzen und abzuwarten. So bekam ich wenigstens keine Regenschauer auf den Rücken getrommelt. Das Gewitter wurde immer ärger, und ich war mittendrin im tollsten Wirbel. Wenn wenigstens Franz mit den Zeltplanen und dem warmen Tee gekommen wäre. An Gewitter im Gebirge war ich schon gewöhnt, ist es doch reichlich ungemütlich. Ein Glück nur, daß Unwetter im Gebirge nicht anhalten. Bald schob sich die Sonnenscheibe zwischen die fliehenden Wolken, so daß ich mein Drillichzeug trocknen konnte. Nun tobte der Sturm im Talkessel zu meinen Füßen weiter. Das war ein Hexentanz, sage ich euch! Die Wolken, ganz schwarz, wie mit Schießpulver geladen, brodelten und rollten, hoben, senkten und schoben sich ineinander. Blitze zuckten, der Donner ließ den Berg erzittern. Heulend fegte der Sturm die Wolkenfetzen über die Felskämme, während bei mir oben die Sonne schien.

Was war das nur? In dieser Hölle ein Lebewesen? Sein Schrei drang bis zu mir herauf: ‚Kek… kek‘ – bald herausfordernd, bald wieder lockend. Es war der Ruf des Wanderfalken, leider ein schon seltener Vogel unserer Bergwelt. Was tat er dort inmitten des Infernos? Wollte er seine Kräfte mit dem Sturm messen? Sonst hätte er doch im dichten Tannenhorst Schutz suchen können. Mit gestreckten Schwingen und gespreiztem Stoß ließ er sich vom Sturm heben, im Kreis drehen, um dann wie ein Stein in die Tiefe zu fallen. Im nächsten Augenblick aber wurde er von unsichtbaren Kräften in die Wolken geschleudert. Es schien, als ob ihm der Sturm, diese ungeheure Naturgewalt, untertan sei und gehorchen müsse. Was aber veranlaßte ihn wohl zu diesem gefährlichen Spiel? Nach Größe und Farbe zu urteilen, war er nicht mehr der Jüngste. Plötzlich wurde mir klar, warum der Alte dies waghalsige Spiel trieb. Zwei junge Falken kamen in zaghaftem Flug heran, um es ihrem Vater gleichzutun. Der alte Wanderfalke lehrte seine Jungen, dem Sturm zu trotzen.

Und ich? – Wo war nur mein Gehilfe geblieben? Ich hatte

ihm nicht beigebracht, daß man nicht zurückläuft, wenn einen der Sturm überrascht. Vergebens warte ich auf ihn, er hat wohl den Weg um den Gipfel herum eingeschlagen, dachte ich und ging ein Stück des Weges zurück, um auch über die Geröllhalden weiterzugehen, vielleicht fand ich ihn da.

Im Nebel war es dort gefährlich, weil der Steg an vielen Stellen so schmal war, daß zwei Menschen nicht aneinander vorbeigehen konnten. Dicht daneben taten sich schwindelerregende Abgründe auf. Vergebens rief ich nach Franz; nur das Echo, aus den tiefen Schluchten mehrfach zurückgeworfen, antwortete mir. Bald schien die Sonne so blankgeputzt und verlockend, daß ich mir um Franz keine Sorgen mehr machte und frisch weitermarschierte. Hoch im blauen Äther sah ich wieder die drei Wanderfalken ihre Kreise ziehen. Als ihr Jagdruf ‚Kek, kek… kek' mein Ohr traf, fiel mir ein, daß ich nach dem Sturm den Repetierer nicht gereinigt hatte. Eben überquerte ich eine Geröllhalde, die in einem Fichtendickicht endete, als ich hinter der Wegbiegung ein leises Murren vernahm. Ein junger Schäferhund, dachte ich. Da purzelte mir auch schon ein schwarzes Knäuel vor die Füße. Ein zweites folgte. – Junge Bären! durchfuhr es mich wie ein elektrischer Stoß. Die beiden kleinen Dinger blieben stehen und äugten mich aus ihren kugelrunden Sehern erschrocken an. Oder lag auch Neugierde in ihrem Blick", sagte Moş Neagu, der in Eifer gekommen war. „Bestimmt war ich der erste Mensch, den sie zu sehen bekamen. In jenem Augenblick war es mir keinesfalls darum zu tun, welchen Eindruck ich auf sie machte, wußte ich doch, daß ihnen die Bärin auf dem Fuße folgen mußte. Schreck lähmte meine Glieder. Mit einem letzten Aufwand meiner Willenskraft wollte ich den Repetierer vom Rücken reißen, aber der nasse Riemen hatte sich verfangen. Zu spät! Hinter dem Fels erschien auch schon der mächtige Kopf der Bärin. Mit der Nase fast den Boden berührend, schwenkte sie den Kopf wie eine Glocke. Jetzt mußte sie mich gewittert haben! Panische Angst erfaßte mich. Ich sah, wie sich ihr zottiges Haar aufrichtete, die Halskrause und der Schädel größer wurden. Mit einem Ruck stand sie auf den Hinterläufen. Die beiden Jungen flüchteten erschrocken zu ihrer Mutter. Was konnte ich tun? Wehrlos stand ich wie angewurzelt da. Augenblicke der Angst, der Verzweiflung waren es, die niemals zu enden schienen. Was würde nun geschehen? Riesengroß schien mir die Bärin, als ich sie so vor mir stehen sah. Mein Herzschlag setzte aus. Die Bärin brüllte kurz auf, so daß mir ihr warmer Atem entgegenschlug. Instinktiv hielt ich mich mit der einen Hand am Felsen fest, und mit der anderen am Griff des Hirschfängers, den ich am Gürtel trug, verharrte ich regungslos, als ob ich der Bärin Platz machen wollte, auf dem fußbreiten Steg an mir vorbeizugehen. Wie lange ich so stand, weiß ich heute nicht mehr. Mir schien es eine Ewigkeit. In jenem Augenblick jagten mir unzählige Bilder durch das fiebernde Gehirn, denn ich wußte genau, daß Bärinnen, die ihre Jungen in Gefahr wissen, zum Angriff übergehen. Wild und böse blitzten mich ihre Seher an. Die beiden Jungen, die an ihr hochgeklettert waren, schienen die Alte plötzlich abzulenken. Zögernd wandte sie sich ihnen zu, packte die Kleinen einzeln beim Kragen, beschnupperte sie, als ob sie sich überzeugen wollte, daß ich ihnen nichts zuleide getan hatte. Dann gab sie ihnen einen leichten Stoß, so daß sie hinter sie flogen. Brummte mich noch einmal böse an, besser gesagt, sie spuckte mich an und trottete dann hinter ihren Jungen her in dieselbe Richtung, aus der sie gekommen war.

Als die Bären schon lange nicht mehr zu sehen waren, merkte ich, daß ich noch immer wie versteinert an den Fels geklammert stand. Ich erinnere mich, daß mir die Füße noch zitterten, als ich, schon am Waldrand sitzend, die Waffe abwischte.

Noch oft dachte ich darüber nach", sagte Moş Neagu abschließend, „warum mich die Bärin nicht angegriffen hat.

Ich kam zu der Schlußfolgerung, daß ich mit dem nassen Riemen Glück hatte. Denn jede geringste Bewegung hätte sie als einen Angriff gedeutet und wäre mir zuvorgekommen, war ich doch kaum zwei Meter von ihr entfernt."

Draußen regnete es noch. Dünne Nebelschleier zogen aufwärts. Der Förster ging hinaus und brachte frischgebackenes, knuspriges Hausbrot und geräucherte Forellen.

„Von mir mit Birkenholz geräuchert", sagte er und setzte sie uns stolz vor.

Rächer oder Raufbolde?

Der Bär greift den Menschen nur unter bestimmten Umständen an. Zumeist läßt er ihn in Ruhe. Gefährlich kann die Begegnung mit der Bärenmutter oder mit dem angeschweißten Bären werden.

Hin und wieder hört man jedoch Bergbauern, Hirten und Waldheger erzählen, daß es in ihrer Gegend einen Bären gibt, der Menschen, denen er begegnet, angreift und niederschlägt. Der Bär überfällt den Menschen nicht, wenn er vom Hunger getrieben wird, er tut es auch nicht, um sich oder sein Jagdrevier zu verteidigen. Welche Beweggründe treiben aber den Bären eigentlich dazu, dem Menschen, vor dem alle Tiere des Waldes fliehen, wie ein Wegelagerer aufzulauern, den nichtsahnenden Hirten oder Waldarbeiter mit seinen gefürchteten Pranken niederzuschlagen und zu zerfleischen?

Ein noch ungeklärtes Kapitel der Bärenpsychologie, sagen die Verhaltensforscher. Es ist anzunehmen, daß diese Bären mit dem Menschen schlechte Erfahrungen gemacht haben und sich nun an allen seinen Artgenossen rächen wollen. Möglich, daß es die Raufbolde unter den Bären sind, die jeden Menschen, dem sie begegnen, niederschlagen. (Nur ist dann die Zahl der Raufbolde unter den Bären viel geringer als unter den Menschen!)

Doch will ich lieber zwei Begebenheiten von vielen, die sich in unserer Bergwelt zugetragen haben, erzählen und den werten Leser selbst urteilen lassen:

An einem sonnigen Herbsttag fuhren zwei junge Bauern, Ion und Ilie, aus Arpaşul de Sus in den Wald am Fuße der Karpaten, um eine Fuhre Holz nach Hause zu bringen. Der Weg war lang, die Arbeit schwer, so daß es spät nachmittags wurde, bis sie den Wagen beladen hatten. Bevor die beiden den Heimweg antraten, wollten sie noch einen Imbiß einnehmen. Ilie, der Jüngere der beiden, nahm einen Krug und ging zur Quelle, die er im Walde wußte, um Wasser zu holen. Unterdessen holte Ion das Essen aus dem Rucksack hervor und wartete auf seinen Freund. Die Quelle war kaum dreihundert Schritt weit, Ilie hätte in zehn, fünfzehn Minuten zurück sein müssen. Es verging eine halbe Stunde oder mehr, Ilie kam noch immer nicht. Böses ahnend, nahm Ion die Axt vom Wagen und lief in den Wald, seinen Freund suchen. An der Quelle, die in einem Graben, von dichtem Gestrüpp umwuchert, floß, fand er Ilie stöhnend auf dem Boden hingestreckt. Er wollte seinen Augen nicht trauen. War jener, der dort lag, überhaupt sein Freund, der ihn noch vor einer knappen Stunde verlassen hatte? Kalte Schauer liefen ihm über den Rücken. Im ersten Augenblick wußte er nicht, was er tun sollte. Er packte die Axt fester und blickte sich erschrocken um, ob das Ungeheuer sich nicht auf ihn stürzte. Das Stöhnen seines Freundes zwang ihn zum Handeln. Die Gedanken schwirrten ihm wie Wespen durch den Kopf: Rasch bis ins Dorf laufen und Leute zu Hilfe rufen? Das würde aber einige Stunden dauern, so lange konnte er den Freund nicht allein lassen.

Er wandte sich Ilie zu. Wie entsetzlich er zugerichtet war! Die Kopfhaut hing ihm in blutigen Fetzen übers Gesicht und verunstaltete ihn bis zur Unkenntlichkeit. Tiefe Wunden klafften an der Brust und den Armen.

„Wasser, gib mir Wasser!" flüsterte Ilie. Nun löste sich Ions Starre, er nahm den geborstenen Krug und gab dem Freund Wasser. „Der Bär", flüsterte Ilie, „er hat mich überfallen... hilf mir... laß mich nicht sterben!"

Ion riß dem Freund das Hemd herunter, verband ihm die Wunden so gut er es verstand, schleppte ihn bis zum Wagen und fuhr ihn ins Dorf, wo sie ein kleines Krankenhaus hatten. Von dort wurde Ilie ins städtische Hospital überführt.

Es dauerte fast ein halbes Jahr, bis Ilie wiederhergestellt ins Dorf zurückkehrte. Nun erzählte er seinem Freund, wie das Unglück geschehen war : „Als ich zur Quelle kam und Wasser schöpfen wollte, traf mich ein Prankenhieb von hinten auf den Kopf, der mir die Kopfhaut herunterriß. Der Angriff ging so blitzschnell vor sich, daß ich keine Zeit hatte, davonzulaufen oder das Messer aus dem Gürtel zu ziehen. Man würde einem Bären eine solche Wendigkeit gar nicht zutrauen, da er doch als tolpatschig bekannt ist. Man sagt auch, der Bär sei gutmütig", setzte Ilie seine Erzählung fort. „Jener, der mich überfallen hat, war eine wütende Bestie, er fauchte, biß und schlug zu wie eine Wildkatze. Ich konnte mich gar nicht wehren, denn schon der erste Schlag warf mich zu Boden. Dann sah ich nur noch seinen riesigen Kopf mit den kleinen, bösen Sehern über mir, bis mir das Blut in die Augen rann und mir den Blick trübte."

Ilie fuhr sich mit der Hand über die Augen, als ob er sich vergewissern wollte, daß er wirklich davongekommen sei. „Ja, er war mächtig und stark, er hätte mich wie ein Hündchen unter einem Arm davontragen können.

Ich glaube, der Bär hatte uns längere Zeit beobachtet, als wir das Holz aus dem Wald geschleppt haben, und dann, als ich allein war, die Gelegenheit benützt, um mich zu überfallen."

Ein ähnlicher Fall hat sich Hunderte Kilometer weiter nach Westen, im Cerna-Gebirge, zugetragen.

Die herbe Schönheit der Karstlandschaft, besonders die berühmten Heilquellen von Herkulesbad, locken seit fast zweitausend Jahren die Menschen in diese Gegend. Leider verlassen nur wenige von ihnen den Kurort, um bergan zu wandern, damit sie das Cerna-Gebirge mit der einzigartigen Pflanzen- und Tierwelt des Domogled sehen, um diese herrliche Natur und die Menschen, die da auf kargem Fels als Bergbauern oder Holzschläger leben, kennenzulernen.

Die Angst, im Kalkfels von der berüchtigten Hornviper gebissen oder von einem Skorpion gestochen zu werden, ist unberechtigt. Denn die Gefahr, in einer Großstadt unter die Räder eines Autos zu kommen, ist größer als die, am Domogled von einer Hornviper gebissen zu werden, es sei denn, man tritt auf sie. Darum begnügen sich die Kurgäste mit einem Spaziergang bis zur „Räuberhöhle" oder zu den „Sieben Quellen".

Doch ich will zum eigentlichen Thema kommen.

Es war vor einem Jahr, im April oder Mai, auf den zerklüfteten Felswänden blühte der wilde Flieder, dessen Farbe mit der des Frühlingshimmels wetteiferte. Überall grünte und blühte es, nur die sturmerprobte Schwarzkiefer schien stolz und erhaben von den Felstürmen auf das erwachende Leben im Tale herabzublicken.

An einem Sonntagmorgen machte der Waldheger Gruia seinen gewohnten Kontrollgang. Er ging schon eine geraume Zeit den schmalen Gebirgspfad aufwärts, als sein Jagdhund Nero unruhig wurde und ungefähr fünfzig Schritt vor ihm zu bellen anfing. Was kann der Hund haben? dachte der Waldheger. Da kam Nero schon zurückgelaufen und sprang an ihm hoch, als ob er ihm sagen wollte: „Beeil dich, ich hab was Interessantes gefunden." Der Hund war unruhiger als sonst, darum nahm Gruia die Büchse vom Rücken und ging vorsichtig weiter. An der nächsten Wegbiegung stockte sein Fuß, am Wegrand lag ein Mann. Ob er schon tot war oder noch lebte, konnte er im ersten Augenblick nicht feststellen. Der Mann war fürchterlich zugerichtet. Am Hals und an der Brust hatte er tiefe Wunden. Das Blut war schon verkrustet. Also mußte das Unglück bereits vor einigen Stunden passiert sein. Es schienen Kratz- und Bißwunden zu sein.

Es ist nicht immer leicht festzustellen, wie die Wunden zugefügt wurden, wenn man einen blutigen Menschen sieht.

Nach der Art jedoch, wie die Kleidung zerfetzt war, schloß der Waldheger, daß es ein Tier gewesen war; bald sollte es sich auch bestätigen. Es ist ja bekannt, daß es dort Wölfe, Bären und auch Luchse gibt. Gruia beugte sich über den Mann, um zu sehen, ob er noch lebte. Da kam der Hund bellend und jaulend aus dem Wald gestürzt. Er kläffte wie besessen, lief wieder zurück, kam von neuem, wiederholte die Szene, so daß der Waldheger ihn zornig zurechtwies: „Nero, bist du verrückt geworden, laß mich schon in Ruhe!"

Eben hatte Gruia entdeckt, daß der Mann – der Kleidung nach schien er ein Holzfäller zu sein – in der rechten Hand ein blutiges Messer hielt. Nachdem er sich überzeugt hatte, daß der Mann noch lebte – sein Puls schlug nur sehr schwach –, ging er dem kläffenden Nero nach, der ihn schon am Hosenbein nachziehen wollte. Mit entsicherter Büchse folgte er dem Hund. Was für eine Überraschung erwartet mich noch, fragte er sich. An den Grashalmen und Blättern sah er Spuren von getrocknetem Blut. Der Hund war schon wieder zurück, das zweite Opfer konnte also nicht weit sein. Die Blutspur ging durch dichtes Haselgestrüpp und Brombeergebüsch.

Dem Waldheger war dabei gar nicht geheuer. Was für ein blutiges Drama hatte sich da, nur eine Wegstunde vom Trubel der Kurgäste entfernt, abgespielt? Seit er das blutige Messer gesehen hatte, dachte er nicht nur an Kratz- und Bißwunden. Auch der Gedanke, daß es ein Raubüberfall gewesen sein könnte, ging ihm durch den Kopf. Noch einige Schritte, und er bog mit dem Gewehrlauf den grünen Blättervorhang vorsichtig beiseite. Vor ihm lag ein ausgewachsener Bär in seinem Wundbett, vom Rüden verbellt. Er sah sich den Bären genauer an, er war durch einen Schnitt durch die Halsschlagader ausgeschweißt und verendet.

Wie hatte sich der Kampf zwischen Mensch und Bär abgespielt? Wer hatte angegriffen? Wie konnte der Holzfäller dem starken Bären die tödliche Wunde zufügen?

Alles Fragen, die vielleicht niemand je beantworten wird, dachte der Waldheger, während er sich beeilte, zu dem Mann zurückzukehren, um ihm zu helfen, wenn es da noch etwas zu helfen gab. Nur er konnte, wenn er mit dem Leben davonkam, all die Fragen beantworten.

Die Leute im Kurort wissen gar nicht, daß es dort in der Nähe Bären gibt, und nicht nur Bären, sondern auch Wölfe und Luchse; vom Fuchs weiß man ja, daß er überall zu Hause ist.

Der Bär war früher in allen Wäldern des Banater Gebirges anzutreffen. Die Menschen haben ihm jedoch nach und nach durch die Industrialisierung den Lebensraum verkleinert, so daß er sein Revier mit dem Fortschreiten der Zivilisation in die schwer zugänglichen Bergwälder verlegt hat.

Von den Karpaten kommt er nun in den letzten Jahrzehnten dank der strengen Schutzmaßnahmen den Weg in seine verborgenen „Jagdgründe" zurück. So ist es zu erklären, daß in den letzten Jahren in den Jagdrevieren des Semenik, wo seit mehr als einem halben Jahrhundert keine Bärenfährte mehr gesichtet wurde, wieder Bären aufgetaucht sind. Doch was das Cerna-Gebirge betrifft, hier gab es fast immer Bären, die von den Karpaten nach Südwesten in diese Wildnis drangen. Wenn sie da auch nicht die gleichen vorteilhaften Lebensbedingungen haben, wie zum Beispiel auf dem Retezat.

Der Waldarbeiter war dank seiner robusten Konstitution nach drei Monaten wieder auf den Beinen. Er kam nach seiner Entlassung aus dem Krankenhaus zu seinem Lebensretter und berichtete, wie sich der Kampf mit der Bärin zugetragen hatte.

Er war am Sonnabend vom Arbeitsplatz aufgebrochen, um den Sonntag bei seiner Familie zu verbringen, so wie das in den umliegenden Dörfern üblich ist. Er kam auf einsamen Pfaden, auf Abkürzungen bis zu der Stelle, wo Gruia ihn gefunden hatte. Es war schon ziemlich spät geworden und finster, als auf einmal aus dem Gebüsch ein Bär auf ihn zusprang. Er hatte kaum Zeit, seinen Rucksack fallenzulassen, um nach dem Messer, das unsere Leute am Gürtel tragen, zu greifen. Es war im Augenblick, als der Bär sich aufrichtete und mit der Pranke ausholte. „Ich sah", so erzählte der Mann, „ein schwarzes Ungetüm auf mich zustürzen. Der Angriff kam sehr schnell und von der Seite, so daß ich eine halbe Drehung machen mußte, um mich wehren zu können. Die Krallen des Bären schlugen in meinen linken Oberarm und zogen mich heran. Das war mein Glück, ich konnte ihm so in den Hals stechen, und wie ich später hörte, die Schlagader durchschneiden. Ich weiß nicht mehr, wie lange der Kampf gedauert hat, erinnere mich nur, daß der Schmerz, den ich ihm durch den Stich in den Hals zugefügt hatte, ihn noch wütender machte. Er versuchte, mich an sich zu drücken, um mir die Halswirbel durchzubeißen. Später verlor ich das Bewußtsein."

Wenn Sie mich jetzt fragen, was den Bären bewog, den Mann zu überfallen, so kann ich Ihnen kaum antworten. Seit vielen Jahren ist es der einzige bekannte Fall, daß ein Bär im Cerna-Gebirge einen Menschen angefallen hat. Es ist wohl möglich, daß der Bär sich in einer Art von Blutrausch befand. Er hatte vielleicht kurz vorher ein Kleintier geschlagen, einen Hasen oder einen Vogel gefangen, ihn gefressen, war aber nicht satt geworden. Das warme Blut des Tieres hatte seine Mordlust angefacht. Aber das ist wohl ein Kapitel für unsere Tierpsychologen, sie mögen sich damit beschäftigen.

Vorsicht, Bären!

Wer denkt schon daran, auf einer Bergtour mit dem Wagen dem gefürchteten Karpatenbären zu begegnen. Und doch hatten schon viele Touristen, die die Transfăgăraş-Hochstraße befuhren, die freudige Überraschung, Moş Martin – wie hier der Bär genannt wird – anzutreffen.

Wenn man den Vidraru-Staudamm, das monumentale hydrotechnische Bauwerk, hinter sich läßt, ist man bald mitten in der wildzerklüfteten Bergwelt der Karpaten. In den breiten Tälern und Bergkesseln leuchten bunt die neuen Schutzhütten, Villen und Hotels. Skilifte und Seilbahnen bringen die Wintersportler und Touristen zu den Skipisten. Im Herzen der Karpaten, alles über 2000 Meter, ist in den letzten zehn Jahren ein neues Zentrum für Erholung und Sport entstanden.

Wohin mögen die Bären, Wildsauen, das Rotwild, Isegrim und die eisgrauen Einsiedler, die Bassen, die in den mondhellen Herbstnächten durch die unermeßlichen Wälder und Hochalmen streunten, gewandert sein? Ihr Wohngebiet, die alten Jagdgründe und Äsungsplätze, wurden einmal vom Menschen, von der Zivilisation eingeengt, sagen die Biologen und Weidmänner.

Stimmt nicht! sagen die Touristen. Der Bär ist noch da. Er hat sich an den Menschen gewöhnt. Wir haben ihn mit eigenen Augen gesehen, als wir die Transfăgăraş-Hochstraße befuhren.

Soll sich der wilde Karpatenbär, der unumschränkte Herrscher des Karpatenwalls, wirklich der Zivilisation angepaßt haben? fragen sich andere. Und das so schnell, in nur wenigen Jahren?

Wir haben ihn gesehen, da gibt's nichts zu diskutieren! Der Bär kommt auf die Straße und fordert von den Leuten Zollgebühren. In natura, versteht sich, lachte der Freund, der mir diese Nachricht überbrachte. Ja, ja, so ist's, bestätigte seine Tochter. Mir nahm Meister Petz die Straßengebühr aus der Hand. Ist auch verständlich, setzte sie hinzu. Der Weg ist ja in seinem Gebiet gebaut worden.

Das mußt du dir selbst ansehen, sagte ich mir.

An einem schönen Spätsommertag fuhren wir hinaus in die Karpaten, um den Bären als Zöllner kennenzulernen. Die Nachricht, daß das scheue, an die stille, einsame Bergwelt gewöhnte Raubwild sich dem Menschen angepaßt habe, ging mir nicht in den Kopf.

Trotz der kühlen Tage im Gebirge trafen wir noch viele Touristen auf der Bergstraße an. Nein, es war kein Jägerlatein! Am Wegabschnitt „Cotul Braiei" sahen wir schon von weitem eine Wagenschlange. Inmitten der PKWs, LKWs und Menschen stand Moş Martin. Bloß daß der Bär kein „Martin, der Alte", sondern ein etwa zweijähriger junger Petz war, der sein Mittagsmahl ruhig aus den Händen der Leute fraß.

Wir näherten uns der Gruppe. Ich stieg aus dem Wagen und besah mir den jungen Bären. Sein Geschäft schien nicht schlecht zu gehen, denn er sah wohlgenährt aus. Sein brauner Pelz glänzte im Sonnenlicht.

„Inzwischen ist er wählerisch geworden", sagte ein Fahrer, „Brot allein schmeckt ihm nicht mehr. Man muß schon Aufschnitt oder ein Kotelett geben."

„Auch bei Wiener Schnitzel oder Braten greift er schnell zu", sagte ein anderer. „Sehen Sie nur, jetzt bekommt er Schokolade!" Der Bär schmatzte und brummte zufrieden. Er saß auf den Keulen neben einem „Dacia 1300" und ließ sich aus dem Wagenfenster bedienen. Als er nichts mehr bekam, versuchte er die Wagentür zu öffnen. Vielleicht wollte er mitfahren. Wer weiß schon, was so ein junger Petz im Sinn hat.

165

Wenn man es nicht selbst sieht, würde man es kaum glauben. Das gefürchtete Raubwild frißt aus der Hand der Menschen wie ein Schoßhündchen.

Ein Wildheger im grünen Rock näherte sich unserer Gruppe.

Wir machten ihm Platz, da eräugte ihn auch der Bär. Er stutzte einen Augenblick, dann trollte er sich davon. Die Menschen lachten. Der Fahrer von vorher sagte: „Sie sollten ohne Uniform kommen, damit er Sie nicht erkennt." Der schlaue Petz wußte also, daß er etwas tat, was er nicht tun durfte.

Der Wildheger erklärte uns, er habe den Befehl, die Bären fortzujagen. Denn es seien zwei junge Bären, die auf illegale Weise Anhalter spielen. Bären können dem Menschen gefährlich werden, besonders den Kindern, die die Bären oft necken, betonte er. Andere Touristen wollen sich vom Bären ein Andenken mitnehmen und reißen ihm Haare aus dem Pelz. Da die Bären den Mann im grünen Rock schon kennen, gehen sie, bevor er sie noch dazu auffordert.

„So ein Bärenjüngling hat doch auch seinen Stolz", sagte der Wildheger lächelnd. „Einem Bären, der in freier Wildbahn lebt, kann man jedoch nie trauen", fügte er seiner Erklärung hinzu.

Für mich war das Benehmen des Bären immer noch unverständlich. Wieso war das größte Raubwild Europas auf einmal so menschenfreundlich geworden? Der Wildheger sollte das Rätsel bald lösen. Ich teilte ihm meine Bedenken mit. Und zwar, daß ich es nicht verstehe, wie der Bär seinem größten Feind, dem Menschen, gegenüber, der ihm seinen Lebensraum immer mehr eingeengt hat, ihn überall verfolgt und in fast allen Ländern ausgerottet hat, die Scheu verloren und sich mit ihm angefreundet hat.

Der Wildheger erzählte, daß die beiden zweieinhalb Jahre alten Bären als kleine, nur eine paar Wochen alte Babys gefunden wurden. Ob sie von ihren Müttern verlassen wurden oder sich verlaufen hatten, konnte nicht festgestellt werden. Der eine, den wir eben sahen, stammte aus dem nördlichen Rodnagebirge. Mit seinen beiden Schwestern wurde er über ein Jahr lang in einem Gehege aufgezogen. Als man annahm, daß sie sich ihren Fraß allein beschaffen könnten, wurden sie mit einem Helikopter im Gebirge ausgesetzt. Doch nach zwei Monaten war unser Petz wieder bei seinen Pflegeeltern. Es war erstaunlich, wie ein Bär den viele Kilometer langen Weg zurückgefunden hat. Die Einsamkeit in der rauhen Umwelt schien ihm nicht zu behagen. Bald darauf wurde er wieder ausgesetzt. Diesmal dauerte es nur einige Tage, und der Bär war wieder zurück. Inzwischen besuchte er auch die Hühner- und Schweineställe der Nachbarn, die er zerstörte. Nun beschloß man, ihn in einem anderen Gebirgsmassiv auszusetzen. So wurde er hierhergebracht. Da suchte er immer wieder die Menschen. Weil er schon von klein auf an die Menschen, seine Pflegeeltern, gewöhnt war, hat er hier wieder Anschluß gefunden.

Der zweite Bär wurde im Harghita-Gebirge gleichfalls als Bärenbaby aufgefunden. Auch er wurde von der Frau eines Försters hochgepäppelt. Zuerst mit der Milchflasche, dann mit allem, was dazugehört. Nach etwa einem Jahr wurde er hier, auf den Almwiesen des Făgăraşgebirges, ausgesetzt. Beide Bären waren an den Umgang mit Menschen gewöhnt. Die Instinkte des Raubtieres, die Scheu vor dem Menschen wurden dabei abgeschwächt. Und da der Bär ein hochentwickeltes Säugetier und auch sehr gelehrig ist, hatte er es bald heraus, daß es sich neben und mit Menschen leichter lebt als in der unwegsamen Wildnis unserer Berge, wo seine Artgenossen hausen. Nur so erklärt es sich, daß die beiden Petze zu den verwöhnten Lieblingen der Touristen wurden.

„Der Bär, den sie eben gesehen haben", setzte der Wildheger seine Erläuterung fort, „kommt in letzter Zeit immer seltener auf die Straße. Vielleicht bleibt er in ein, zwei Jahren –

wenn er Brautschau hält – gänzlich weg. Ich denke jedoch, wir werden die beiden Petze bald einfangen und einem Zoo übergeben. Noch bevor sie da ein Unheil stiften. Ja, das wäre alles aus der Biographie der beiden Strolche. Staunen Sie nicht, wir haben für alle Bären, die wir aussetzen, eine Kartei angelegt. Da steht alles, was ich Ihnen erzählt habe, drin."

Der Wildheger nahm von uns Abschied, während wir den Weg über die Transfăgăraş-Hochstraße fortsetzten.

Der Wildheger hatte meine Zweifel zerstreut. Der Karpatenbär ist wie eh und je der kühne Räuber, der in sturmgepeitschten Nächten in die Schaf- und Rinderhürden einbricht, der selbst den schwarzen Büffel schlägt und ihn in das Dickicht schleppt.

Nur fünf Sekunden

Ob man die Ansitzjagd liebt, ist wohl eine Sache des Temperaments oder auch der Erfahrung. Die jüngere Generation unserer Gilde geht lieber auf die Treibjagd. Da komme man öfters zum Schuß, sagen sie vorlaut. Sie haben bestimmt recht. Aber geht man zur Jagd, nur um zu böllern?

Ich liebte schon immer den Ansitz am Wechsel. Ob es um einen kapitalen Bock, um Urian, Bassen oder um den erträumten Hauptbären ging, immer kam ich mit neuen Erfahrungen, Eindrücken und unvergeßlichen Erinnerungen nach Hause. Noch Jahre später entsann ich mich der Stunden und Tage, die ich, einsam oder mit Freunden, am Ansitz verbrachte und, oft mit angehaltenem Atem, die Geräusche der Nacht zu deuten versuchte.

Auch den Altweibersommer mit der dunstfreien klaren Luft und der reichen Farbpalette liebe ich. Einmal war es ein Hase, der nichtsahnend an mir vorbeihoppelte. Reineke Fuchs folgte der warmen Spur. Ich spielte Vorsehung. Eine Bewegung mit dem Kopf genügte, und Mümmelmann war gerettet, der Fuchs blieb ohne das saftige, zarte Hasenwildbret.

Ein Windhauch ließ die Birkenblätter über meinem Haupt rascheln. Stechmücken tanzten im scheidenden Sonnenlicht und ließen mich vergessen, daß sie Blutsauger sind.

Die Triller einer Amsel erinnerten mich daran, daß ich in einer halben Stunde den Heimweg antreten müßte. Die Schatten der Nacht zogen schon durch den Wald. Ich fühlte bald den kühlen Hauch im Rücken. An den zarten Spitzen der Grashalme glühten noch die letzten Strahlen der am Horizont versinkenden Sonne. Auf meinen Knien lag die Büchse mit dem todbringenden Blei. Nein, ich hatte sie nicht vergessen, nur freute mich heute alles Lebende. Ich senkte das Fernglas, die Geiß mit ihrem Kitz spielte weiter. Der kapitale Bock, keine dreißig Schritt daneben äsend, äugte immer wieder nach den beiden.

Einmal saß ich viele Stunden auf einem Hochstand im Gebirge. Das Frühjahr war kühl und regenreich. Im blauen Schatten der mächtigen Fichten lag noch Schnee. Der Hochsitz war zwischen drei Fichtenstämmen verankert. Wenn der Abendwind stärker blies, knarrten und ächzten die Bretter unter meinen Füßen. Regenschleier zogen gespensterhaft von Osten heran, während die untergehende Sonne im Westen ihre letzten Strahlenbündel zwischen den blaugrauen Wolken über die zackigen Berggipfel warf. Unvergeßliche Augenblicke! Doch schon im nächsten Moment veränderte sich die Szenerie. Feiner, kalter Regen zog unter heftigen Windstößen über die Waldlichtung, der Wind schüttelte den Hochstand, als säßen wir in einem Boot auf stürmischer See. Die Fichtenstämme bogen sich, ächzten wie gequälte Lebewesen unter dem Ansturm. Nur gut, daß ich schon immer flug- und seefest war. Schneeregen folgte, und die Hände wurden mir klamm vor Kälte. Der Kragen des Lodenmantels wurde hochgeschlagen, die Ohrenklappen heruntergezogen. Wird der Hauptbär noch kommen? fragten wir uns. Der Heger Băncilă sagte noch vor zwei Stunden, wir hätten die Decke des Hauptbären schon so gut wie abgeschärft. Meister Braun sei uns zu hundert Prozent sicher.

Das Wetter sei gerade das richtige für die Streifzüge des Bären, dachte ich. Băncilă sagte zwar, der Hauptbär käme auch am hellen Tag zum Luder, aber wer kann schon genau vorhersagen, was ein Raubwild wie der Bär in den nächsten Stunden treiben wird.

So schnell wie der Regen gekommen war, zog er auch wieder ab. Sogar die Sonne ließ sich noch für einen Augenblick am Horizont sehen. Aus den Tälern stiegen Nebelfetzen auf, die der Wind den Bergalmen zuführte. In dieser „Waschküche" konnte man kaum drei Schritte weit sehen. Eine Elster kam kreischend aus dem Fichtendickicht herangeflogen. Der freche Schreihals, der die heilige Stille der Berge störte, riß an meinen Nerven. Warum lärmte sie? Hatte Meister Petz sie gestört? Ich lauschte angestrengt. Nichts regte sich im Fichtenbestand. Die Elster hatte sich auf dem Pfahl niedergelassen, an dem der Pferdekadaver angebunden lag. Sie äugte zum Wald hinüber, dann flatterte sie auf das Luder, wo sie zu picken begann. Wird nicht zum erstenmal ihre Abendmahlzeit da nehmen, dachte ich. Pickt und zerrt zu ungestört. Nein, ich hatte mich geirrt. Die Elster äugte schon wieder zum Waldrand hinüber. Sie hielt inne. Aha, dort bewegte sich etwas. Teufel, wie die Augen brannten! Ein Fuchs schnürte heran. Vorsichtig, wie auf heißen Kohlen, kam er näher. Scheint auch ein alter Kostgänger zu sein, dachte ich. Die Elster hielt sich in sicherer Entfernung vom schlauen Räuber.

Die Schatten der Nacht legten sich über die Berge. Die Elster war weggeflogen. Wir hörten nur noch den Fuchs am Luder zerren.

Ich blickte durch das Zielfernrohr. Mein Freund machte eine fragende Bewegung mit der Hand. Ich verneinte mit dem Kopf. Noch ein paar Minuten haben wir Schußlicht, dachte ich. Käme jetzt doch der Bär! Vergebenes Hoffen, der Hauptbär kam nicht.

Wir saßen noch zwei Abende auf dem luftigen Hochsitz, wurden naß, die Glieder kältesteif, verwünschten den Hauptbären und den Heger Băncilă, obgleich wir wußten, daß er keine Schuld daran trug. Aber wir mußten unserem Unmut Luft machen. Drei Tage und kein einziger Schuß! Natürlich, auf einer Treibjagd kann so etwas nicht vorkommen. Da haben die jungen Weidmänner schon recht. Am dritten Abend kam ein etwa zweijähriger Bär. Er blieb unangetastet. Wir hofften noch immer auf den Hauptbären. Aber der Urlaub ging zu Ende, und wir gingen unverrichteter Dinge nach Hause.

Nach einigen Tagen dann bekam ich einen Anruf von Mihail, ob ich ihn nicht in die Westkarpaten begleiten wolle. Bei Poiana Mǎrului habe Förster Peter Rieß in seinem Revier zwei starke Bären ausgemacht. Sie kämen jeden Abend auf eine Almwiese um nach Fraß zu suchen. Die Schafherden seien auch noch nicht auf den Almen, so daß oben noch vollkommene Ruhe herrsche.

Als wir am Sonnabend ankamen, erzählte uns Förster Rieß, in den letzten vier Tagen habe er einen starken Bären auf einer Waldlichtung beobachtet. Meister Petz käme schon früh am Nachmittag zu einer Wasserlache, um zu baden. Dann bleibt er dort, wo es saftiges Gras gibt, bis es dunkel wird.

Das war eine gute Nachricht. Nur durften wir keine Zeit verlieren, damit wir uns rechtzeitig anstellen konnten. Es gäbe dort weder einen Hochsitz noch einen Köder, um das Raubwild anzulocken, sagte der Förster noch, bevor wir losgingen.

Ausgezeichnet! dachte ich. Eine Jagd beim Ansitz, am Wechsel, so wie sie Mihail und mir Freude macht. Da hatte auch das Wild eine Chance zu entkommen. Es gehört schon etwas Mut, Erfahrung und Scharfsinn dazu, sich mit einem Hauptbären, der bereits Bekanntschaft mit Jägern gemacht hat, zu messen.

„Gefährlich werden kann er, das stimmt", sagte Mihail auf meine Bemerkung hin. „Aber ,fair play' ist die Sache noch immer nicht. Weil der Jäger auch so im Vorteil ist. Der einzige Unterschied ist, daß wir den Bären nicht vom sicheren Hochsitz aus schießen, sondern das Raubwild auf der Erde erwarten."

„Wieso Vorteil", sagte ich, „dem Bären ungeschützt gegenüberzustehen, ist dem Jäger doch nicht von Nutzen. Oder meinst du, daß der Mensch intelligenter ist, rascher entscheiden und handeln kann."

172

„Ich denke an das Überraschungsmoment und an das Jagd-gewehr", meinte Mihail. „An das Stückchen Blei, das mit einer Geschwindigkeit von 800 oder mehr Meter in der Sekunde dem Opfer entgegenfliegt."

„Dafür hat der Bär eine viel bessere Nase als wir. Von seinem Wahrnehmungsvermögen und den Riesenkräften will ich gar nicht sprechen. Statt deiner Expreßbüchse hat er seine krallenbewehrten Pranken." So sprachen wir für und gegen, bis der Berg nach zwei Stunden Aufstieg erreicht war.

Die Sonne hatte kaum den Zenit überschritten, als wir die Stände in Augenschein nahmen. Im weichen Waldboden neben der Quelle sahen wir die Fährten des Bären. Oder waren es zwei? Eine davon schien geringer zu sein. Der schlaue Petz nahm immer denselben Wechsel und trat in dieselbe Fährte. Er kam von links unten bis zum Wasser. Die Fichtenbäume am Waldrand waren mit Lehm beschmiert, dort hatte sich der Bär gescheuert. Der hat aber einen ganz dunklen Pelz, dachte ich und nahm ein paar geringelte Haare, die sich in der Baumrinde verfangen hatten. Auf über zwei Meter Höhe sah man an den Malbäumen die Baumrinde abgeschält und tiefe Risse von den Reißzähnen und Krallen.

„Donnerwetter!" flüsterte Mihail, „dort die starke Fährte, da die Spuren seiner Krallen am Baum; er ist bestimmt über zwei Meter hoch."

„Ja, ja. Wenn ich nicht irre, hat er im letzten Sommer so manche Färse gerissen. Während des langen und schneereichen Winters haben seine Fettreserven abgenommen. Aber inzwischen ist er wieder zu Kräften gekommen. Sein schwarzbrauner Pelz hat wieder den alten Glanz."

Förster Peter Rieß liebte die Jagd, doch noch mehr das Wild in seinem Revier. Man sah es ihm an, daß er nicht gern von den blutigen Taten des Bären sprach. Aber die Kreisforstverwaltung drang darauf, daß er erlegt werde. Der Förster tat, als wisse er von den Räubereien des Bären nichts. Nun wies er uns unsere Stände an. Mihail kam nahe am Wildwechsel zu stehen. Er wählte sich den Stand neben einer starken Fichte, gegenüber dem Tümpel, wo Meister Petz gewöhnlich sein Bad nahm. Hinter Mihails Rücken gähnte ein tiefer Abgrund.

„Wenn der Bär auf seinem Wechsel kommt und etwas nicht klappt, kannst du nach oben oder nach unten ausweichen", sagte ich leise.

„Laufen hat keinen Sinn! Der Bär ist beim Angreifen immer schneller als du."

„Mal den Teufel nicht an die Bäume, das hat schon Moş Martin getan", sagte ich lächelnd und ging mit Förster Rieß zu meinem Stand. Ich kam rechts von Mihail im Fichtenforst zu stehen. Als zweiter Schütze sollte ich dem Bären – wenn nötig – den Fangschuß geben. Förster Rieß stieg den Hang hinab. Er wolle sich an der Flanke einen Stand suchen, sagte er.

Bei der Jagd ist es wie im Leben: Man weiß nie, wie der Hase läuft. Kaum hatten wir unsere Stände besetzt, die Umgebung in Augenschein genommen, uns mit der Richtung, aus der das Raubwild kommen sollte, vertraut gemacht, da ging es auch schon los.

Mihail wollte sich eben auf eine Baumwurzel setzen, als er links oben Holz knacken und brechen hörte. Gespannt blickte er in die Richtung, aus der das Geräusch kam. Donnerwetter! Da trottete der Schlagbär heran. Sein mächtiger, dunkler Körper schob sich durch die Fichtenzweige. Was tun? Die Jagdregel lautet: Nie den Bären ansprechen, wenn er von oben kommt oder über dir steht. Warum kommt er von da, wo ihn niemand erwartet hat? Was tun, soll ich schießen? Der Jagdregel zuwiderhandeln? Macht man jetzt eine Bewegung, kann man ihn noch vergrämen. Zieht er aber weiter, sieht man ihn vielleicht nie wieder.

„Ich habe nie daran gedacht", sagte mir Mihail später, „wie viele Gedanken und Überlegungen in fünf Sekunden durchs

Gehirn rasen können. Genau wie bei einem Computer." Er lächelte entspannt. Doch was geschah vor einigen Minuten?

„Drückst du nicht gleich, ist es zu spät, dann ‚umarmt' er dich, auch wenn du ihm die Büchse entgegenstreckst. Aber angenommen, die Kugel trifft nicht tödlich, was dann? Mit ein paar Sätzen ist er bei dir. Hast doch schon Menschen gesehen, die von Bären angefallen wurden. Dabei waren es unschuldige Hirten, die dem Räuber das gestohlene Schaf wieder abjagen wollten. Was wird der Braune tun, wenn er verletzt ist und seinen Feind vor sich hat?"

Mihail verfolgte mit dem Jagdgewehr im Anschlag jede Bewegung des Bären. Nun zielte er. Dabei machte er eine kaum spürbare Wendung und drückte am Abzug. Der Bär hatte die Bewegung bemerkt und hob den Kopf. Jetzt wäre ihm die Kugel in den Hals gedrungen. Aber was war geschehen? Der Abzug bewegte sich nicht.

Der Bär brummte böse und erhob sich, um anzugreifen. Einen Augenblick stand er aufgerichtet mit der Breitseite dem Jäger gegenüber.

Der Donner der Expreßbüchse rollte über die Felshänge, hinunter bis ins Bistratal. Der Bär stürzte nach vorn. Die Kugel erreichte ihn im Sprung. Er brüllte wütend und sackte zusammen. Dann raffte er sich wieder auf. Da traf ihn die zweite Kugel. Mihail war hinter den Baum gesprungen. Der Bär überschlug sich und rollte bis zur Fichte, wo Mihail stand. Hilflos schlug der Recke um sich und krallte sich im Fichtenstamm fest. Ein neuer Feuerstrahl aus nächster Nähe, und das Tier streckte sich aus. Als ich herangelaufen kam, ging noch ein Zittern durch den mächtigen Körper, ein Seufzer, und dann hauchte er seine Räuberseele aus.

War es aber auch der Hauptbär? Wir hatten ihn nicht auf blutiger Tat ertappt. Doch Förster Rieß schwor darauf, daß es der gefürchtete Blutbär gewesen sei.

Seine letzte Jagd

Doktor Percsek durchmaß ein paarmal sein Arbeitszimmer, blieb jedesmal, wenn er an mir vorbeikam, stehen und schaute mich aus seinen tiefliegenden, matten Augen fragend an. „Du willst also nicht mitkommen?" wiederholte er schon zum drittenmal.

„Wer sagt, daß ich nicht will? Versteh doch, die Bärenjagd im Retezat ist für dich zu anstrengend. Willst du dir am Borăscu deinen dritten Herzinfarkt holen?"

„Laß das meine Sache sein!" sagte er unwillig. „Wo soll ich mich da anstrengen? Bis nach Gura Zlata fahren wir mit dem Auto. Von dort reiten wir bis zur Stîna und, wenn du willst, bis zum Stand... Na also?" Seine Stimme klang vorwurfsvoll.

Ich blickte auf, sah aber im Geiste den Jäger von einst, die hohe, kraftvolle Gestalt, den elastischen, geraden Gang, die Unternehmungslust und den stahlharten Willen im Blick.

„An was denkst du? Du hörst mich ja gar nicht an!" Seine Frage ließ mich schuldbewußt die Augen senken. Mit der Empfindsamkeit eines Kranken schien er meine Gedanken zu erraten. Ach, auch die Stimme war nicht mehr die seine, sie klang tonlos, heiser.

„Na also, am Sonnabend geht's los!" drängte er.

„Alex, versteh mich nicht falsch" – um ihm nicht in die Augen zu sehen, beugte ich mich über Mura, den irischen Setter, der neben seinem Lehnstuhl lag und mich unruhig anäugte, als ob auch er auf meine Zusage wartete. Ich streichelte ihm über den Kopf, während er mit der Rute Freudensprünge vollführte –, „es ist doch nur die Sorge um dich!"

„Du weißt es besser als jeder andere, ich lebe für meine Arbeit und die Jagd. Mit der Büchse die Berge zu durchstreifen, bedeutet mir nicht nur Entspannung; die Bewährung dort oben im Tannenforst, in Firn und Eis, am Urian und am Schlagbären gab mir den Mut, das nötige Selbstvertrauen, auch das Skalpell zu führen." Langsam drehte er den Kopf dem lichtdurchfluteten Fenster zu, scharf hob sich sein Profil ab. Nur noch der Schatten von einst, dachte ich. Unwillkürlich entschlüpfte mir ein Seufzer.

Gut, daß er seine Wanderung wieder aufgenommen hatte. „Den Schnepfenstrich habe ich versäumt", sagte er aus der anderen Ecke des Zimmers. „Schade!" Ich wußte, er hatte es gern, am Abend, nachdem die Drosseln und Ringamseln ihr Abendkonzert beendet hatten und sich tiefe Ruhe über den Waldrand herabsenkte, die Langgesichter bei ihrem Liebesspiel zu beobachten, ihrem geheimnisvollen raunenden „Quorr, quorr" zu lauschen.

Alex blieb wieder vor mir stehen. „Komm, schlag ein!" Er streckte mir die schmale, lange Chirurgenhand entgegen.

„Gut!" Ich erhob mich und ergriff sie, „ich komme mit. Aber telephoniere noch heute, damit der Förster alles vorbereitet."

Schon lange war Alex nicht mehr so gutgelaunt, ja fröhlich gewesen wie an diesem letzten Tag, den wir zusammen im Retezat-Massiv verbrachten. Während er auf dem kleinen Gebirgspferdchen bergauf ritt – das zweite trug unser Gepäck –, sprach er in einem fort von der Jagd.

„Du sollst keine bitteren Erfahrungen sammeln, wie ich es getan habe", sagte er. „Du kannst den Bären sehr leicht am Luder oder auf Treibjagden erlegen. Nichts für mich! Es ist auch nicht schwer, Meister Petz aus der Luderhütte oder vom Hochstand aus zur Strecke zu bringen, nur Geduld muß man haben. Interessanter ist es, ihn im Frühjahr oder Herbst oben in den stillen Bergen, wo er schon am späten Nachmittag sein Quartier verläßt, auf einer Lichtung nach Fraß suchen wird, zu erwarten. Da kannst du ihn längere Zeit ansprechen, hast auch gutes Schußlicht. Doch die schönste Art der Jagd ist die, wie wir sie heute machen. Wir erwarten den Schlagbären auf dem Wechsel zur Schafhürde."

„Oder in der Nähe der Sennhütte, da habt ihr ein besseres Schußfeld", unterbrach der Heger Vulpe den redseligen Doktor.

„Das werden wir an Ort und Stelle bestimmen!"

„Morgen haben wir Zeit genug, den besten Standplatz auszuwählen", unterstützte ich Alex. Er drehte sich jedoch rasch um: „Wieso morgen? Wer sprach denn von morgen, heute abend wollen wir noch ansitzen!"

„Ich dachte, du bist müde, und wir wollen uns in der Sennhütte ausruhen", warf ich ein.

„Nichts, mein Lieber! Schau die dunklen Wolken an, die über den grauen Häuptern dort oben lagern. Morgen kann das Wetter umschlagen." Er drückte dem Pferdchen die Absätze in die Weichen, zog am Halfter und trieb es zur Eile an. Nach einer Weile drehte er sich von neuem nach mir um. „Schau, dort rechts geht der Weg zur Bärenwiese, wo ich zwei meiner besten Hauptbären erlegt habe. Eine kleine Almwiese inmitten mächtiger Tannen und Fichten. Üppige Vegetation gibt es dort wie in den Tropen. Hohes, saftiges Gras, im Schatten mannshohe Farnwedel. Am Rande des Waldes sprudelt eine Quelle mit kristallklarem Wasser, das sich im moorigen Boden verliert. Hier entdeckte ich den Lieblingsplatz der Bären. In der feuchten Erde ringsum fand ich immer Fährten aller Stärken. Doch waren sie nicht die einzigen Zeugen ihrer Anwesenheit auf dieser Almmatte, die versteckt im Urwald liegt." Alex winkte mich heran, das viele Reden hatte ihn ermüdet, nur wollte er es nicht zugeben.

Ich schritt neben ihm her, während ich das Packpferd am Halfter führte. Vor dem Reitpferd ging der Heger.

„Unterhalb der Quelle hatten die Bären ihre Badestelle mit klarem Wasser. Von da führte ein ausgetretener Pfad zum Malbaum. Eine dicke Moosdecke dämpfte ihre Schritte, lautlos wie auf Perserteppichen bewegten sie sich zu ihrem ‚Postfach‘, wo ich ihre Zeichen noch in über zwei Meter Höhe fand.“

„Wo ist denn diese Almwiese? Wieso kenne ich sie nicht?!“ Heger Vulpe ließ das Pferd rasten und schaute den Doktor mit ungläubigem, etwas ironischem Blick an.

„Wie sollst du Grünschnabel sie kennen, wenn dort vor fünfzehn Jahren abgeforstet wurde!“

„O je! Damals ging ich noch zur Schule.“ Er nahm den grünen Jagdhut vom Kopf und wischte sich den Schweiß vom Genick.

„Herr Doktor, wie viele Bären haben Sie bisher zur Strecke gebracht?“ wollte Vulpe wissen, um die Rast zu verlängern, denn er hatte außer seinem Rucksack noch drei Jagdgewehre zu tragen.

„Wie viele es waren, ist nicht wichtig!“ sagte Alex so barsch, daß wir ihn erstaunt anblickten.

„Gehen wir weiter“, sagte ich zu Vulpe, um Alex nicht zu ärgern, kannte ich doch die Ursache seines Stimmungsumschwungs.

Am Nachmittag erreichten wir die Sennhütte. Dichte Kumuluswolken lagerten um die Gipfel der Peleaga, der Bucura und der Zănoaga. Wir hatten die Tausend-Meter-Grenze überschritten, unter uns lag eine blaugraue Dunstwolke, über uns das weiße, strahlende Licht des Hochgebirges mit dem Granitblock des Retezat.

Ich schaute zu Alex hinüber. Auf seinem hagéren, bleichen Gesicht lag ein wehmütiger Zug des Abschiednehmens. Er hatte, wie zur Andacht, den Hut abgenommen. Der Höhenwind spielte in seinem Haar. Schweigend standen wir am Waldrand und blickten hinunter zur Almhütte, die in einer

Senke lag. Das Idyll dauerte jedoch nicht lange, da begrüßten uns die Hirtenhunde mit einem Heidenlärm. Sieben, acht große, zottige Rüden sprangen bellend und geifernd auf uns zu und hielten die Pferde in Schach. Ich machte dem Heger ein Zeichen, daß er einen Schuß abfeuern solle, um die Hirten herbeizurufen. Denn nur so kann man die Gesellen bewegen, nachzusehen, was ihre vierbeinigen Helfer im Schilde führen.

Bald kamen sie gelaufen. Als sie hörten, daß wir den Schlagbären jagen wollten, kannte ihre Freude keine Grenzen. Sie bewirteten uns mit frischem Schafkäse und Milch. Alex trieb zur Eile an.

Von neuem schien er von fiebriger Unruhe gepackt. Er sah uns mit flackernden Augen, die tief in den Höhlen lagen, herausfordernd an, gab Anweisungen. Nachdem er sich mit den Hirten beraten hatte, wählte er die Stände. Keiner durfte widersprechen, gleich brauste er auf. Er entfaltete eine hektische Tätigkeit, die mich erschütterte und gleichzeitig in Staunen versetzte. Wo nahm er nur die Kraft her?

Den Heger mit den Pferden ließen wir bei der Almhütte zurück, während Alex und ich den Bären auf seinem Wechsel zu den Schafhürden stellen wollten. Der Hirtenälteste begleitete uns zum Stand; dabei erzählte er uns von den Raubzügen des Schlagbären: „Er läßt sich weder von den Hunden noch von unserem Geschrei abhalten, in die Herde einzufallen. Auch die brennenden Kienspäne fürchtet er nicht. Er schlägt seine mächtigen Pranken tief in den Leib seiner Opfer und schleppt das röchelnde Jungvieh davon; ja, sogar einen ausgewachsenen Ochsen holte er sich vor drei Wochen, auf diesem ritt er bis in die Dickung, wohin wir ihm nicht zu folgen wagten.

Oh, der blutgierige Räuber hat vor zwei Monaten sogar einem unserer jungen Hirten, dem Sohn Ilie Plugarus, mit einem fürchterlichen Prankenhieb die Hand und drei Rippen gebrochen. Dabei hat der Junge noch Glück gehabt, daß er hinter eine gestürzte Fichte flog, während der Schlagbär das Rind wie ein Lämmchen wieder aufnahm und in die finstere Nacht verschwand. Seither hat keiner den Mut, ihm seine Opfer abzujagen." Der Hirtenälteste hätte uns noch bis Mitternacht von den Missetaten des Bären erzählt, wenn ihn Alex nicht aufmerksam gemacht hätte, daß es für ihn an der Zeit sei, umzukehren.

Blutrot sank der Sonnenball im Westen hinter die zackigen Fichten, während Alex und ich unsere Plätze einnahmen. Alex setzte sich auf einen Felsvorsprung; der Standplatz gewährte ihm gute Sicht bis zum Waldrand, während ich mich etwas links, auf einer Abzweigung des Wildwechsels, unter eine Riesenfichte setzte. Vor mir hatte ich eine kleine Lichtung, die der Bär überqueren mußte, um auf die Almwiese zu gelangen.

Bald gleißte der Vollmond durch die zottigen Fichtenwipfel, die im Höhenwind rauschten. Ein kaum wahrnehmbares Geräusch drang aus dem Dickicht an mein Ohr. Es genügte, daß ich leise die Sicherung meiner Bockdoppelbüchse nach vorn schob. Am Waldrand, der Almwiese zu, erschien ein rostbrauner Fleck. Langsam legte ich die Büchse auf die Knie und nahm das Zeissglas. Ein guter Bock stand dort und holte sich Wind. Nachdem er sich überzeugt hatte, daß ihm keine Gefahr drohte, zog er heraus und naschte vom zarten Almgras. Äsend überquerte er die Lichtung. Die Stunden zerrannen wie in einer Sanduhr. Es tat mir leid, daß ich nicht bei Alex geblieben war. Mich fröstelte trotz der pelzgefütterten Windjacke. Der Bär ließ nichts von sich hören.

Um Mitternacht kroch aus dem Tal vom Rîul Mare her dichter Nebel herauf, und es breitete sich die dicke Sahne über die alten Fichten aus. In der unheimlichen Stille der Nacht hörte ich gegen halb zwei den Bären wie ein Gespenst um meinen Stand herumtappen. Doch im dichten Nebel sah ich die Hand vor den Augen nicht. Erst gegen Morgen bekam ich Meister Braun in Anblick. Geräuschlos stand er auf einmal vor mir.

Vom Nebelschleier halb verdeckt, sah ich einen Riesenschatten auf mich zukommen. Das Morgenlicht hinter seinem Rücken projizierte ihn auf die Nebelwand wie ein Bildwerfer auf eine Leinwand. Übermüdet und halb verduselt, wußte ich nicht, ob es ein trügerisches Spiegelbild oder wirklich der Bär war. Noch ehe ich fröstelnd mit klammen Fingern und klopfendem Herzen aufs Züngel drücken konnte, war er wieder im Nebel verschwunden. Ob er mich gewittert hatte? Ich gab mir selbst die Antwort. Der alte Schlauberger hatte uns schon um Mitternacht, als ich ihn zum erstenmal im dichten Bestand unruhig herumtrollen hörte, gewittert, aber im Nebel war es ihm nicht klar, ob ihm Gefahr drohte oder nicht.

Unmerklich schwand die Nacht. Ich fühlte es am kalten Wind, der von der Zănoaga-Spitze herunterwehte und die Nebeldecke zu Tale trieb. Als die Morgendämmerung kam, saß ich noch immer zwischen den Fichtenwurzeln und starrte fröstelnd in die ziehenden Nebelschwaden.

Wieder hörte ich das Geräusch von brechendem Fallholz, diesmal kam es aus dem Dickicht, das mich von Alex trennte. Aha, dachte ich, jetzt kommt er. Das Geräusch des krachenden Geästs, begleitet vom schnaufenden Windnehmen, kam näher und näher. Die Nerven waren aufs äußerste gespannt. Die Augen brannten mir von der schlaflosen Nacht und von der Anstrengung, im Nebel etwas auszunehmen.

Da krachte es wieder ganz nahe im dichten Fichtenforst, es mußte der Bär sein. Denn nur ein schweres Stück Wild bricht so dicke Äste.

Die Büchse fest in der Hand, blickte ich scharf in die Richtung, aus der das Geräusch kam. Jeden Augenblick erwartete ich, daß sich die dichten Fichtenzweige teilten und der schwarzglänzende Meister Petz erschien, doch vergebens! Wieder einmal hatten sein Mißtrauen und seine Vorsicht den Hunger besiegt.

Müde, mit überspannten Nerven nickte ich ein und sah im

Geiste, wie der Schlagbär aus der grauen Finsternis des Waldes heraustrat. Blauschwarz glänzte sein nasser Pelz im Zwielicht des Morgens. Langsam hob ich die Büchse. Die Kälte des Stahls drang durch die Handschuhe. Die Sicherung schnappte nach vorn. Ich folgte mit der Büchse jeder seiner Bewegungen. Der reckenhafte Bär näherte sich, langsam schob sich der wuchtige Leib durch die Fichtendickung. Ich hielt den Atem an. Er kam gerade auf mich zu, nun bot er mir die ganze Breite der Brust.

Da krachte ein Schuß, ein zweiter folgte. Wut- und Schmerzgebrüll zerriß die morgendliche Stille. Ich schreckte auf und blinzelte in das hellblaue Morgenlicht. Zu meiner Linken krachte und splitterte das dürre Fallholz in dem Fichtendickicht. Der Bär kommt! blitzte es mir durch das Gehirn; Alex hat geschossen, jetzt kommt er auf mich zu! Mit einemmal war ich hellwach. Mit schußbereiter Büchse sprang ich auf. Ein dumpfer Fall zu meiner Linken, und ich hörte den Todeskampf des Urwaldrecken. Wie schwer das Leben aus dem Riesen schied! Vorsichtig pirschte ich mich heran, um ihm die Qual zu verkürzen. Ein Schuß hinter das Gehör, und der Schlagbär streckte sich auf dem feuchten Waldboden.

Aber wo blieb Alex? Warum kam er nicht, den Schlagbären sehen? Warum gab nicht er dem Urwaldrecken den Fangschuß? Vielleicht hielt er es nicht für nötig, die Schüsse waren gut angebracht und beide tödlich.

Während ich den starken Bären bestaunte, ergriff mich eine Unruhe. Im ersten Augenblick meinte ich, es komme von den strapazierten Nerven. Doch auf einmal war mir klar: Mit Alex war etwas geschehen, er war in Gefahr. Eine kalte Faust preßte mir das Herz zusammen. Mit fliegendem Atem lief ich auf dem Waldwechsel zu Alex' Stand. Die tiefen Fichtenzweige trafen mich ins Gesicht, zerkratzten mir die Hände; ich merkte es nicht, mein einziger Gedanke war: Nur schnell, du mußt ihm helfen!

Was ich die ganze Zeit geahnt und in den letzten Minuten gefühlt hatte, war eingetreten. Alex lag auf dem Rücken, mit schmerzverzerrtem Gesicht. In der verkrampften Hand hielt er eine Ampulle Nitroglyzerin.

„Ein neuer Herzinfarkt", flüsterte ich. Die hilfesuchenden Augen gaben mir die bejahende Antwort.

Trotz der Hilfe konnte Alex nicht mehr gerettet werden. Es war seine letzte Jagd.